Myriam L'Hoste

Medienpädagogik im Religionsunterricht vor dem Hintergrund der Mediennutzung von Grundschulkindern

GRIN - Verlag für akademische Texte

Der GRIN Verlag mit Sitz in München und Ravensburg hat sich seit der Gründung im Jahr 1998 auf die Veröffentlichung akademischer Texte spezialisiert.

Die Verlagswebseite http://www.grin.com/ ist für Studenten, Hochschullehrer und andere Akademiker die ideale Plattform, ihre Fachaufsätze und Studien-, Seminar-, Diplom- oder Doktorarbeiten einem breiten Publikum zu präsentieren.

Dokument Nr. V70921 aus dem GRIN Verlagsprogramm

Myriam L'Hoste

Medienpädagogik im Religionsunterricht vor dem Hintergrund der Mediennutzung von Grundschulkindern

GRIN Verlag

Bibliografische Information Der Deutschen Bibliothek: Die Deutsche Bibliothek verzeichnet diese Publikation in der Deutschen Nationalbibliografie; detaillierte bibliografische Daten sind im Internet über http://dnb.ddb.de/ abrufbar.

1. Auflage 2006
Copyright © 2006 GRIN Verlag
http://www.grin.com/
Druck und Bindung: Books on Demand GmbH, Norderstedt Germany
ISBN 978-3-638-68102-5

Erste Staatsprüfung für das Lehramt an Grund- und Hauptschulen

Wissenschaftliche Hausarbeit

Thema:

Medienpädagogik im Religionsunterricht vor dem Hintergrund der Mediennutzung von Grundschulkindern

Prüfungsfach: Katholische Theologie

Vergabe des Themas : 18.07.2006

vorgelegt von: L'Hoste, Myriam

Inhaltsverzeichnis

1. Einleitung: 3
2. Medienpädagogik: 5
   2.1 Begriffsklärung: 13
   2.2 Kirche und mediale Kommunikation vor dem 20. Jahrhundert: 17
   2.3 Die Geschichte und Entwicklung der Medienpädagogik im 20. Jahrhundert im Hinblick auf das Verhältnis Medien und Kirche: . 19
   2.3.1 Die präventiv-normative „Medienpädagogik": 22
   2.3.2 Die propagandistisch – indoktrinäre „Medienpädagogik" im Dritten Reich 28
   2.3.3 Die präventiv – normative „Medienpädagogik": von der Fremdbewahrung zur Selbstbewahrung 31
   2.3.4 Die kritisch – rezeptive und emanzipatorisch – politische „Medienpädagogik" 33
   2.3.5 Die bildungstechnologisch – funktionale Medienpädagogik 35
   2.3.6 Die reflexiv – praktische Medienpädagogik 37
   2.3.7 Mit Medienkompetenz zur Medienbildung 39
   2.4 Medienpädagogik in ‚Communio et Progressio' 40
3. **Vorgeschichte und derzeitige Situation des Religionsunterrichts:** 46
   3.1 Religion und Medien: 49
   3.2 Medienpädagogik im Religionsunterricht: 52
4. **Forschungsstudie Kinder und Medien** 59
   4.1 Überblick über die Mediennutzung bei Grundschulkindern: Vergleich 1999 - 2005 59
   4.1.1 Geräteausstattung: 62
   4.1.2 Themeninteressen: 65
   4.1.3 Fernsehen: 67
   4.1.4 Bücher: 68
   4.1.5 Computer: 71
   4.1.6 Internetnutzung: 73
   4.2 Forschungsstudie über den Medieneinsatz im Unterricht 76
5. **Zusammenhang zwischen Mediennutzung und Religiosität bei Schülerinnen und Schülern** 79
6. **Schlussbetrachtung** 82
I. **Quellen- und Literaturverzeichnis** 84
   I.I Bücher: 84
   I.II Internetquellen 86
II. **Anhang** 88
   II.I Tabellenverzeichnis 88

1. Einleitung:

In den letzten Jahren ist ein deutlicher Anstieg der Mediennutzung bei Kindern und Jugendlichen zu verzeichnen. Dies ist aufgrund der technischen Fortschritte und Neuentwicklungen kein Wunder. Es werden jährlich massenweise neue Computerspiele, Spielkonsolen, Handyzubehör... entwickelt und auf den Markt gebracht. Es ist unvorstellbar geworden, ohne die Vorzüge der Kommunikationsmittel und deren ständig fortschreitende Entwicklung zu leben. Kaum ein Haushalt in der Bundesrepublik Deutschland besitzt keinen Fernseher. Somit gehört der Umgang mit Medien zum Alltagsleben eines jeden Grundschulkindes.

In dieser wissenschaftlichen Arbeit werden aktuelle Zahlen und differenzierte Informationen zur Mediennutzung der Grundschulkinder erläutert. Das Themenfeld der Medienpädagogik, ihre Geschichte und Entwicklung werden näher erörtert und Bezüge zum Religionsunterricht dargestellt. „Medien haben in den letzten Jahren einen bedeutenden Stellenwert erlangt. Insbesondere die zunehmende Zusammenführung der elektronischen Unterhaltungsmedien mit den Computermedien und die breite Einführung der Telekommunikationstechniken, hier vor allem das Internet, haben dazu geführt, dass Medien alle Bereiche unseres Alltags durchdringen und dass die Medienindustrie einer der bedeutendsten ökonomischen Faktoren unserer Gesellschaft geworden ist."[1] Somit ist es in der heutigen Zeit für angehende Lehrerinnen und Lehrer sehr wichtig und unabwendbar, sich im Feld der Medien auszukennen und diese zu beherrschen. In der folgenden Arbeit werde ich dieses Themenfeld näher beleuchten und Argumente aufzeigen, welche den Umgang mit Medien in diesem Zeitalter emphatisieren.

---

[1] Schell, Fred; Stolzenburg Elke; Theunert Helga (Hg.): Medienkompetenz. Grundlagen und pädagogisches Handeln. München 1999, S. 13.

Überdies werden die Inhalte über das Thema der Medienpädagogik in der Pastoralinstruktion der ‚Instrumente der sozialen Kommunikation' von 1991 zusammengefasst und kurz erörtert. Der Umgang mit Medien gehört überdies auch in den Religionsunterricht. Die angehenden ReligionspädagogInnen müssen in der Lage sein, die religiösen Themen modern und der heutigen Zeit angepasst zu vermitteln, sodass die SchülerInnen auch in diesem Fach angesprochen werden und der Unterricht ihrer Medienwelt entsprechend aufgebaut ist.

„Medienpädagogik ist eine vordringliche Aufgabe. Sie muss die Funktionsprinzipien der Instrumente der sozialen Kommunikation gründlich vermitteln. […] Die Kommunikationsmittel leisten erst dann ihren vollen Beitrag zur Entfaltung des Menschen, wenn er deren Wesen und den Umgang mit ihnen begriffen hat. Wer ihre Bedeutung nur oberflächlich kennt, schmälert leicht den Verfügungsraum seiner Freiheit."[2]

---

[2] Pastoralinstruktion „Communio et Progressio" (CeP), 2. Auflage, S.34.

2. Medienpädagogik:

Eine vollständige und sehr frühe Definition der ‚Medienpädagogik' findet sich bei Neubauer und Tulodziecki: „Medienpädagogik umfasst alle Fragen der pädagogischen Bedeutung von Medien in den Nutzungsbereichen Freizeit, Bildung und Beruf. Dort, wo Medien als Mittel der Information, Beeinflussung, Unterhaltung, Unterrichtung und Alltagsorganisation Relevanz für die Sozialisation des Menschen erlangen, werden sie zum Gegenstand der Medienpädagogik. Dabei meint Sozialisation die Gesamtheit intendierter und nicht intendierter Einwirkungen auf das Individuum, durch deren kognitive und emotionale Verarbeitung der Mensch in seinem Denken, Fühlen und Handeln formt. Mediensozialisation wird begriffen als Prozess der Auseinandersetzung des Einzelnen mit seiner medialen Umwelt, durch den dieser von ihr geprägt wird, sie aber ebenso selbst mit prägt. - Gegenstände medienpädagogischer Theorie und Praxis sind die Medien, ihre Produzenten und Nutzer im jeweiligen sozialen Kontext. Medienpädagogik untersucht die Inhalte und Funktionen der Medien, ihre Nutzungsformen, sowie ihre individuellen und gesellschaftlichen Auswirkungen. Sie entwirft Modelle für die Medienpädagogische Arbeit, mit der die Nutzer über die Kompetenzstufen Wissen und Analysefähigkeit in ihren spezifischen Lebenswelten zu medienbezogenem und medieneinbeziehendem Handeln geführt werden sollen."[3]

---

[3] Neubauer, W./Tulodziecki, G.: Medienpädagogik mit ihren Aspekten: Medienkunde, Mediendidaktik, Medienerziehung, Medienforschung. In: Hagemann, W. u.a. (Hg.): Medienpädagogik. Köln 1979, S. 15.

Eine aktuelle Definition dieses Begriffs findet sich in dem relativ neuen Medium des Internets. „Unter Medienpädagogik wird die pädagogisch orientierte praktische wie theoretische Beschäftigung mit den Medien insbesondere mit den neuen Medien verstanden. Gleichzeitig wird sie auch als eigenständige Fachrichtung innerhalb der Pädagogik aufgefasst. Zur Medienpädagogik zählen:

- die Mediendidaktik, die sich mit der Funktion und Bedeutung von Medien in Lehr- und Lernprozessen beschäftigt
- die Medienerziehung, die auf den reflektierten Medienkonsum und kritischen Umgang mit Medienangeboten abzielt
- die informationstechnische Bildung, die den Aufbau von Medienkompetenz und Medienbildung unterstützt, um die aktive Teilhabe von Menschen in der Medien- und Wissensgesellschaft zu ermöglichen und als Basisqualifikation für mediendidaktische und -erzieherische Bemühungen gilt."[4]

Zusätzlich existieren in der Medienpädagogik unterschiedliche Ansätze und Richtungen. Die Medienpädagogik an sich hat noch keine allzu lange Geschichte bzw. Entwicklung durchgemacht. Diese ist nämlich gebunden an die Geschichte und Entwicklung der Medien selbst. „Medienpädagogik als Begriff gibt es seit etwa 1970"[5]. Zu dieser Zeit fallen unter ihren Begriff die Massenmedien bzw. AV-Medien. Nach dem „Aufkommen dieser zogen sie meist sehr schnell erzieherische und bildungspolitische Maßnahmen nach sich, einmal weil man ihren vermeintlichen Gefahren zu begegnen versuchte, zum anderen weil man ihre unterrichtsunterstützenden Möglichkeiten

---

[4] Medienpädagogik, in: Wikipedia. URL:
http://de.wikipedia.org/wiki/Medienp%C3%A4dagogik
(Zugang am 10.09.06 um 18: 20 Uhr)
[5] Hoffmann, Bernward: Medienpädagogik. München 2003, S. 16.

nutzen wollte. Jedoch bewegen sich diese pädagogisch bemühten Beschäftigungen mit den Medien lange Zeit im vorwissenschaftlichen Raum und wurden zunächst weder systematisch noch kontinuierlich betrieben."[6] Das Hauptaugenmerk der Medienpädagogik liegt in erster Linie auf den Kindern und Jugendlichen. „Über die Ausbildung und Entwicklung individueller Kompetenzen, insbesondere kommunikativer Kompetenz und Medienkompetenz soll ein kritischer, reflexiver und aktiver Umgang mit Medien erreicht werden."[7] Die Kinder und Jugendlichen sollen lernen, welche Vorzüge und Nachteile die einzelnen Medien haben und somit auch einen kritischen Umgang mit diesen reflektieren können. Die Medienpädagogik fordert außerdem, dass die Kinder lernen sollen, welche Medien ihnen Nutzen bringen und wie sie diese anwenden sollen. „Dazu müssen sie auch wissen, welche Möglichkeiten und Inhalte vorhanden sind."[8] Um dies zu ermöglichen, müssen Schulen und Kindergärten die Möglichkeit haben, ihre eigenen medienpädagogischen Bereiche aufbauen und regelmäßig zu erweitern. Somit müssen die technischen Ausstattungen dieser Bildungseinrichtungen verbessert werden.

„Medienpädagogik untersucht die Wirklichkeitsbereiche, die bzw. insofern sie durch Medien produziert oder von ihnen beeinflusst werden, unter pädagogischen Gesichtspunkten: als Lern- und Bildungsgeschichten der Menschen, als Faktoren im Sozialisationsprozess, als Ermöglichung oder Verhinderung von Subjektwerdung."[9] Das Anliegen der Medienpädagogik ist, dass

---

[6] Hüther, Jürgen/Schorb, Bernd: *Medienpädagogik*. In: Grundbegriffe Medienpädagogik. München 2005, S. 266.
[7] Schell, Fred; Stolzenburg Elke; Theunert Helga (Hg.): Medienkompetenz. Grundlagen und pädagogisches Handeln. München 1999, S. 358.
[8] Schell, Fred; Stolzenburg Elke; Theunert Helga (Hg.): Medienkompetenz. Grundlagen und pädagogisches Handeln. München 1999, S. 13.
[9] Hoffmann, Bernward: Medienpädagogik. München 2003, S. 22.

jeder, ob Schüler/-in oder Lehrer/-in, lernt, welche Bedeutungen die verschiedenen Medien haben und welche sie weitergeben sollen. Des Weiteren ist in diesem Zusammenhang das Wissen über die jeweiligen Medien außerordentlich wichtig. Sowohl der Nutzer, als auch der Adressat muss in der Lage sein, das Medium zu verstehen und zu beurteilen.

Im pädagogischen Zugang auf Medien differenziert Bernward Hoffmann drei bedeutende Grundhaltungen: „Mediendidaktik, kritische Medienerziehung und praktische Medienarbeit."[10] Bei der Mediendidaktik werden die Medien als Erziehungsmittel benutzt[11]. Bernward Hoffmann erläutert dies weiter als „die positive Wende der bewahrpädagogischen Aufmerksamkeit für Massenmedien [...] Mit der Einsicht in die Erfolglosigkeit ausschließlich bewahrender Medienpädagogik versuchte man verstärkt, Medien in pädagogische Dienste zu stellen, vor allem in Unterricht und Ausbildung: Anschauungsmittel, weil die komplexe Wirklichkeit nicht hinreichend unmittelbar zu erfahren war."[12] Zweifelsfrei sind für ihn die Medien „sinnvolle Instrumente im unmittelbaren pädagogischen Geschehen, in Unterricht und Erziehung."[13] Eine wichtige Tatsache, die beachtet werden muss und die er unterstreicht, ist, dass die „Mediendidaktik ein Teilbereich der Medienpädagogik ist, aber nicht mit ihr identisch."[14] Des Weiteren schreibt er in einem anderen Aufsatz in den Katechetischen Blättern, dass die vier Strukturelemente des Lehr- und Lernprozesses (Ziele, Methoden, Inhalte und Medien von P. Heimann) sich gegenseitig die Waage halten. Diese stehen in gegenseitiger Abhängigkeit voneinander und bedingen sich gegenseitig. Jedoch gewinnt eine Wechselwirkung zweier dieser

---

[10] Hoffmann, Bernward: Medienpädagogik. München 2003, S. 24.
[11] Hoffmann, Bernward: Medienpädagogik. München 2003, S. 24.
[12] Hoffmann, Bernward: Medienpädagogik. München 2003, S. 24.
[13] Hoffmann, Bernward: Medienpädagogik. München 2003, S. 25.
[14] Hoffmann, Bernward: Medienpädagogik. München 2003, S. 25.

Strukturelemente ständig mehr an Bedeutung: „die Wechselwirkung zwischen der Alltags-Medienwelt der Schüler, der dort vorhandenen Lern- und Erfahrungsmöglichkeiten, aber auch der Sozialisationseffekte einerseits, und der absichtsvollen Medienverwendung im pädagogischen Kontext andererseits."[15] Gleich welches Medium im Unterricht benutzt wird, es wurde schon vorher genauestens bedacht und abgewogen. An dieser Stelle kritisiert Bernward Hoffmann die Unterteilung in die Mediendidaktik und die Medienerziehung, denn „Medienverwendung im schulischen Kontext, also Mediendidaktik, hat immer auch medienpädagogische Komponenten: Sie soll Schülern Sensibilität, Kritikfähigkeit und Selbständigkeit im Umgang mit ihren medialen Alltags-Lern-Erfahrungen ermöglichen."[16]

Jürgen Hüther wiederum unterteilt die Medienpädagogik in die „klassische Zweiteilung, in Mediendidaktik und Medienerziehung, die auf die vielzitierte Definition von Klösel/Brunner (1970) zurückgeht. Danach befasst sich Mediendidaktik als die Erziehung durch Medien mit allen unterrichtsrelevanten Fragen der Medienverwendung im Schul- und Ausbildungsbereich, wogegen die Medienerziehung als Hinführung zum Umgang mit den Medien abgegrenzt wird. Beide Bereiche gemeinsam konstituieren in diesem Verständnis den Gesamtkomplex Medienpädagogik, der die Lehre von den Medien als schulische Dokumentations- und Unterrichtsmittel und als Mittel öffentlicher Information und Unterhaltung in sich vereint."[17] Für Jürgen Hüther steht die Mediendidaktik in einem „inhaltlichen Zusammenhang mit der allgemeinen Didaktik [...] Die Mediendidaktik befasst sich mit Fragen der Mediengestaltung und -auswahl. Sie trifft

---
[15] Hoffmann, Bernward: Medien und religiöses Lernen. Ein medienpädagogischer Rundblick für ReligionspägagogInnen. In: KatBl 116 (1991), S. 465.
[16] Hoffmann, Bernward: Medien und religiöses Lernen. Ein medienpädagogischer Rundblick für ReligionspägagogInnen. In: KatBl 116 (1991), S. 466.
[17] Hüther, Jürgen: *Mediendidaktik*; In: Grundbegriffe Medienpädagogik. Hüther, Jürgen und Schorb, Bernd (Hrsg.): München 2005, S. 234.

Aussagen über die didaktischen Funktionen, die Medien in Lehr- und Lernsituationen übernehmen können und sie untersucht die unterschiedlichen Formen, in denen Bildungsmedien zum Einsatz kommen. Sie will letztendlich die Basis für didaktisch begründete Medienentscheidungen liefern."[18]

Der zweite Teilbereich der Medienpädagogik, den die beiden Autoren differenzieren, ist die Medienerziehung. Bernward Hoffmann erweitert diese Bezeichnung lediglich um das Wort ‚kritisch'. Für ihn ist eine ‚kritische Medienerziehung' wichtig. Er ist der Meinung, dass „die Pädagogen sich in die Medienpolitik einmischen müssen, um manipulative Tendenzen zu entlarven, aber auch um Kommunikationsstrukturen zu demokratisieren, die Einweg-Kommunikation aufzuheben, Rezipienten zu Subjekten, teilweise auch zu Produzenten zu machen."[19] Die Menschen sollen im Umgang mit Medien durchaus in der Lage sein, diese zu reflektieren und kritisch zu hinterfragen. Dies bedeutet, dass nicht alle Medien gleich schlecht oder gleich gut sind. Je nachdem in welchem Zusammenhang man bestimmte Medien benutzt, können sie eine durchaus positive Wirkung haben, oder auch umgekehrt.

Dieser Teilbereich wurde von Jürgen Hüther zu Anfang schon kurz definiert. Eine ausführlichere Definition der Medienerziehung gibt jedoch Bernd Schorb. Er unterteilt die Medienerziehung wiederum in zwei Teilbereiche: „1. Die Erziehung zur reflektierten Mediennutzung. / 2. Die Erziehung durch die Medien selbst."[20] Die Idee der Medienerziehung entstand als ‚Filmerziehung'. Im Rahmen der Neuentwicklung des Kinos versuchte man zu dieser Zeit, alles Böse bzw. Schlechte, was von diesem Medium her drohte, zu unterbinden

---

[18] Hüther, Jürgen: *Mediendidaktik*; In: Grundbegriffe Medienpädagogik. Hüther, Jürgen und Schorb, Bernd (Hrsg.): München 2005, S. 237.
[19] Hoffmann, Bernward: Medienpädagogik. München 2003, S. 26.
[20] Schorb, Bernd: *Medienerziehung*; In: Grundbegriffe Medienpädagogik. Hüther, Jürgen und Schorb, Bernd (Hrsg.): München 2005, S. 240.

und die Menschen davor zu schützen. „Diese einseitige Orientierung an der Medienprävention ist heute nicht mehr alleiniges Kennzeichen der Medienerziehung. Global lässt sich der Aufgabenbereich heute als ‚Erziehung zum reflektierten Mediengebrauch' umschreiben. Diese Aufgabe wird als unabdinglich angesehen, ausgehend von der Tatsache, dass Medien als Informations- und Kommunikationstechniken den Produktions- und Reproduktionsbereich umgestaltet haben."[21] Die Medienerziehung zur reflektierten Nutzung fordert die individuelle Fähigkeit des Menschen, mit Medien umzugehen. Dies bedeutet, dass man eine soziale und gesellschaftliche Rücksicht im Umgang mit Medien vollziehen soll. Gleichzeitig soll man aber auch alle Erscheinungsformen der Medien anerkennen.

Ein weiterer Aspekt, den Bernd Schorb anbringt, ist ‚die Erziehung und Bildung durch die Medien'[22]. In diesem Zusammenhang werden die Medien zu einem bestimmenden Sozialisationsfaktor. Hierbei unterscheidet er zwischen intentionaler und nichtintentionaler Medienerziehung. „Unter intentionaler Medienerziehung wird die beabsichtigte Erziehung und Bildung durch Medien verstanden."[23] Zu intentionaler Medienerziehung gehören die „so genannten Unterrichtsmedien, also digitale Speichermedien von Karten über Dias und Filme, Schulfernsehen und –funk bis hin zu den digitalen Lehrmedien, gespeichert auf CD oder im Netz abzurufen [...] Eine herausragende Position nehmen dabei neben dem Fernsehen die Computermedien ein. Auf CD oder im Netz käuflich zu erwerben, werden sie zur Ergänzung der Angebote schulischen Lernens etwa

---

[21] Schorb, Bernd: *Medienerziehung*. In: Grundbegriffe Medienpädagogik. Hüther, Jürgen und Schorb, Bernd (Hrsg.): München 2005, S. 241.
[22] Schorb, Bernd: *Medienerziehung*. In: Grundbegriffe Medienpädagogik. Hüther, Jürgen und Schorb, Bernd (Hrsg.): München 2005, S. 242.
[23] Schorb, Bernd: *Medienerziehung*. In: Grundbegriffe Medienpädagogik. Hüther, Jürgen und Schorb, Bernd (Hrsg.): München 2005, S. 242.

als Nachhilfe und auch für den schulischen Unterricht selbst angeboten."[24]

Die nichtintentionale Medienerziehung definiert Bernd Schorb folgendermaßen: „Hierunter ist sowohl Wissensvermittlung in Programmen mit Schwerpunkten wie Information und Dokumentation zu verstehen, als auch die Vermittlung von Einstellungen, Urteilen und Vorurteilen in Genres wie Film, Serie, Spiel oder Werbung."[25] Hier, bei der nichtintentionalen Medienerziehung besteht jedoch die Problematik, welche Wirkungen diese auf die Kinder und Jugendlichen haben, speziell bei Gewaltszenen. Die Medienforschung hat dies zum Inhalt und versucht, diese Zusammenhänge und Auswirkungen zu erforschen und zu analysieren.

Der dritte Teilbereich, den Bernward Hoffmann noch beistellt, ist die ‚praktische Medienarbeit'. Da jeder Mensch ein Individuum ist, hat jeder Mensch auch eine unterschiedliche Art zu lernen. Es gibt jedoch viele verschiedene Wege und Methoden, mit denen man versuchen kann, den Lernprozess jedem einzelnen Individuum zu erleichtern. „Einer und vielleicht der wichtigste Weg ist es, (junge) Menschen selbst zu aktivieren, Medien kreativ-schöpferisch für ihre Zwecke zu verwenden; dabei sollten die Ziele sozialer Gruppenerfahrung und politischer Partizipation immer mit im Blick sein."[26]

---

[24] Schorb, Bernd: *Medienerziehung*. In: Grundbegriffe Medienpädagogik. Hüther, Jürgen und Schorb, Bernd (Hrsg.): München 2005, S. 242.
[25] Schorb, Bernd: *Medienerziehung*. In: Grundbegriffe Medienpädagogik. Hüther, Jürgen und Schorb, Bernd (Hrsg.): München 2005, S. 242.
[26] Hoffmann, Bernward: Medienpädagogik. München 2003, S. 28.

2.1 Begriffsklärung:

„Der Begriff der ‚Medienpädagogik' taucht als Fachterminus erstmals zu Beginn der 1960er Jahre im erziehungswissenschaftlichen Sprachgebrauch auf. Sein Gegenstandsbereich ist so alt wie die so genannten Massenmedien."[27] Das bedeutet, dass die Medienpädagogik als solche erst seit ca. 45 Jahren existiert. Die Zeitschrift medien+erziehung unternahm 1976 den Versuch, den Begriff der Medienpädagogik näher zu erläutern. Sie befragten eine Reihe renommierter Wissenschaftler und Forscher aus diesem Bereich „Medienpädagogik - Was ist das?" Zu dieser frühen Zeit der Medienpädagogik war man sich noch nicht so ganz einig darüber. Die Befragung lieferte nämlich das Ergebnis, „dass die Antworten kein einheitliches Bild erbrachten, sie machten eher die Vielschichtigkeit dieses Begriffes deutlich, die sich in den vergangenen drei Jahrzehnten im Zeichen der enormen Bedeutungsexpansion der Medien sicher nicht verringert hat."[28]
Zunächst einmal beinhaltet diese Bezeichnung das eigenständige Wort ‚Medien'. Die nähere Definition dieses Wortes ist jedoch unter den Medienwissenschaftlern nicht eindeutig geklärt. Es gibt sehr viele verschiedene Positionen zu diesem Thema und die Wissenschaftler sind sich noch nicht einig über eine einheitliche Definition. Werner Faulstich versucht in seinem Buch *Einführung in die Medienwissenschaft* eine Definition zu formulieren: „Was heißt also Medium? Selbstverständlich gibt es seit Jahrhunderten einen „alltagsweltlichen Medienbegriff", und es gibt Medialität als eine „wohl diffuse, aber allgemein erfahrene lebensweltlich sehr relevante

---

[27] Hüther, Jürgen/Schorb, Bernd: Medienpädagogik. In: Grundbegriffe Medienpädagogik. München 2005, S. 265.
[28] Hüther, Jürgen/Schorb, Bernd: *Medienpädagogik*. In: Grundbegriffe Medienpädagogik. München 2005, S. 265.

Größe", die integraler wissenschaftlicher Bearbeitung bedarf (Saxer 1999, 5). Dabei muss eine Grundunterscheidung gemacht werden: Viele begreifen im alltäglichen Sprachgebrauch „Medium" im uneigentlichen Sinn, d.h. einfach als „Mittel" oder „Instrument" oder „Werkzeug" – und da kann prinzipiell alles ein Medium sein. Das meint durchaus auch Metaphern wie „Medium Sprache", „Medium Literatur" oder „Medium Musik". In der Medienwissenschaft dagegen wird Medium als ein fachspezifisches Konzept verstanden, dem verschiedene Merkmale konstitutiv zugeordnet sind.

- Medium wird als ein Bestandteil zwischenmenschlicher Kommunikation definiert...
- Sodann wird ein Medium als Kanal verstanden. Seine Vermittlung kann technischer Art sein, muss es aber nicht. Das Theater, der Brief, die Zeitung, das Radio, das Fernsehen, das World Wide Web – sie wurden in diesem Sinne seit jeher als Medien begriffen.
- Jedem Kommunikationskanal wird in der Regel ein mehr oder weniger charakteristisches Zeichensystem zugeordnet, das die Vermittlung und das Vermittelte prägt oder zurichtet. So wird beispielsweise das Theater als Menschmedium, der Brief als Schreibmedium, die Zeitung als Druckmedium, das Radio als auditives, das Fernsehen als audiovisuelles und das World Wide Web als digitales Medium.
- Bei jedem Medium handelt es sich um eine Organisation, gekennzeichnet von unterschiedlichen Komplexitätsgraden, die Kommunikation funktional einordnen und deswegen institutionalisiert sind, d.h. langfristig,
etabliert, selbstverständlich, alltäglich.
- Dabei ist unbestritten, dass jedes Medium auch einem geschichtlichen Wandel unterliegt und in Gesellschaft oder bestimmten gesellschaftlichen Sektoren ebenso wie auch in Bezug

auf das Totum aller Medien pro Epoche eine je unterschiedliche, sich verändernde Relevanz oder Dominanz innehaben kann."[29]

Hartmut Winkler fordert auf, den Begriff *Medium* in seinem Aufsatz „Mediendefinition" gegenüber anderen gesellschaftlichen Funktionsbereichen abzugrenzen.[30] „Da es eine bündige Antwort auf die Frage ‚Was ist denn nun eigentlich ein Medium?' nicht gibt, soll im Folgenden eine kumulative Definition vorgeschlagen werden, die erst in der Aufschichtung verschiedener Perspektiven – kumulativ eben – Sinn macht. Da die einzelnen Bestimmungen unterschiedlichen Theorie-Kontexten entstammen, sind sie notwendig einkohärent; und jede Definition verweist auf weitere Begriffe, die genauso strittig und definitionsbedürftig erscheinen wie der Medienbegriff selbst. Dies ist nicht Defekt, sondern zeigt an, dass der Medienbegriff vielfältige innere Spannungen enthält. Die Definition verläuft über 6 Basisthesen:

1. Kommunikation:
Medien sind Maschinen der gesellschaftlichen Vernetzung.

2. Symbolischer Charakter:
Von anderen Mechanismen gesellschaftlicher Vernetzung – z. B. dem Warentausch, Arbeitsteilung, Politik, Sex oder Gewalt – unterscheiden die Medien sich durch ihren symbolischen Charakter.

3. Technik: Medien sind immer technische Medien.

4. ‚Form' und ‚Inhalt':
Medien erlegen dem Kommunizierten eine *Form* auf.

---

[29] Faulstich, Werner: Einführung in die Medienwissenschaft. München 2002, S.23/24.
[30] Winkler, Hartmut: "Mediendefinition". In: Medienwissenschaft, Nr. 1/2004.

5. Medien überwinden Raum und Zeit:
Die Überwindung geographischer Distanzen (Telekommunikation) ist für Medien ebenso typisch wie die Überwindung der Zeit, also der Aspekt von Speicherung und Traditionsbildung.

6. Medien sind unsichtbar:
Je selbstverständlicher wir Medien benutzen, desto mehr haben sie die Tendenz zu verschwinden. Mediennutzung ist weitgehend unbewusst."[31]

Bernward Hoffmann stellt eine weitere Definition über Medien auf: „Medien sind Mittler, sind materielle Zeichen- bzw. Informationsträger oder -Systeme, die Kommunikation zwischen mindestens zwei Partnern ermöglichen und unterstützen."[32]

Eine ausführliche Definition über den Begriff der Medien findet sich im *Methodischen Kompendium für den Religionsunterricht*: „Der Begriff der Medien ist vielschichtig und offen. Im traditionellen Sprachgebrauch der Pädagogik bezeichnet er alle Lehr-, Lern- und Arbeitshilfen für den Unterricht (>>Unterrichtsmittel<<). Heute wird er mehr auf die modernen Techniken des Bild-, Film-, Ton- und Computer-Einsatzes bezogen."[33]

---

[31] Winkler, Hartmut: "Mediendefinition". In: Medienwissenschaft, Nr. 1/2004.
[32] Hoffmann, Bernward: Medien und religiöses Lernen. Ein medienpädagogischer Rundblick für ReligionspägagogInnen. In: KatBl 116 (1991), S. 460.
[33] Gottwald, Eckart: Audiovisuelle Medien in Religionsunterricht und Gemeindearbeit. In: Adam, Gottfried; Lachmann, Rainer: Methodisches Kompendium für den Religionsunterricht. Göttingen 1993, S. 284.

2.2 Kirche und mediale Kommunikation vor dem 20. Jahrhundert:

Der Buchdruck wurde um 1450 n. Chr. von Johannes Gutenberg erfunden. Es dauerte jedoch ein paar Jahrhunderte, bis sich das Buch als Massenmedium durchsetzen konnte. Aber dennoch, „durch diese Erfindung wurden Massenmedien im engeren Sinn technischer Vermittlung und dem Angebot an ein disperses Publikum möglich. Gutenbergs erste Druckprodukte waren Bibeln, die nicht ohne kirchliche Genehmigung gedruckt werden durften. Diese neue Kommunikationsform wurde vor allem in den reformatorischen und gegenreformatorischen Glaubenskämpfen genutzt. Doch Skepsis und Abwehr blieben dominant. Einige Grundprobleme im Verhältnis Kirche – Massenmedien lassen sich an diesem geschichtlichen Wendepunkt bereits festmachen. In Schlagworten lassen sich vier Grundaspekte fixieren: Entsinnlichung, die Form der Kommunikation gewinnt an Bedeutung, geringere Kontrollierbarkeit der Kommunikationssituation und die Kommunikationsangebote als Medienprodukte werden zur Ware."[34]

Bis zur Zeit der Erfindung des Buchdrucks hatten die Menschen im Mittelalter nicht die Möglichkeit, eine breite Masse zu erreichen. „Mit dem Buchdruck stand eine Technik zur Verfügung, mit der der einzelne sich an eine breitere Öffentlichkeit wenden konnte. Dies ist von medialen Möglichkeiten her der Beginn eines horizontal – dialogischen Informationsaustausches."[35] Zu dieser Zeit war dies der Ausgangspunkt der Probleme zwischen Kirche und Massenmedien. „Die Entwicklung neuer Medien und damit auch neuer Kommunikationsräume verläuft

---

[34] Hoffmann, Bernward: Medienpädagogik im kirchlichen Feld: Entwicklungen, Konturen, Probleme, Perspektiven. München 1993, S. 61.
[35] Hoffmann, Bernward: Medienpädagogik im kirchlichen Feld: Entwicklungen, Konturen, Probleme, Perspektiven. München 1993, S. 63.

auffällig parallel zum Verlust der Monopolstellung der Kirche und zum Auszug der Wissenschaft aus dem kirchlichen Kontrollbereich [...] Und diese Medienentwicklung ging einher mit einer Verbreiterung und Verbreitung von Wissen. Einheitlichkeit und Zentralität der Tradition, verkörpert und zusammengehalten durch die Kirche, wurden durch veränderte Formen von Öffentlichkeit brüchig."[36] Die präventiv-normative Phase der Medienpädagogik „beginnt also, als sich Buch und Zeitung im 18. und 19. Jahrhundert als Massen - und Aufklärungsmedien[37] behaupten können. Zu dieser Zeit schon „wurden vom Klerus und der staatlichen Obrigkeit bewahrende Präventiv- und Reglementierungsmaßnahmen zum ‚Schutz' des Bürgers vor den Medien gefordert und mit wechselndem Erfolg auch durchgesetzt."[38] Auch auf Seiten der Kirche verfolgt man ein bewahrpädagogisches Anliegen [39] und es taucht sogar vereinzeltes Interesse auf, „der Kirche neue Wege zu printmedialen Formen der Verkündigung, der Mission und Selbstdarstellung zu erschließen."[40]

---

[36] Hoffmann, Bernward: Medienpädagogik im kirchlichen Feld: Entwicklungen, Konturen, Probleme, Perspektiven. München 1993, S. 63.
[37] Hüther, Jürgen/Podehl, Bernd: *Geschichte der Medienpädagogik*. In: Grundbegriffe Medienpädagogik. München 2005, S. 118.
[38] Hüther, Jürgen/Podehl, Bernd: *Geschichte der Medienpädagogik*. In: Grundbegriffe Medienpädagogik. München 2005, S. 118.
[39] Hoffmann, Bernward: Medienpädagogik im kirchlichen Feld: Entwicklungen, Konturen, Probleme, Perspektiven. München 1993, S. 67.
[40] Hoffmann, Bernward: Medienpädagogik im kirchlichen Feld: Entwicklungen, Konturen, Probleme, Perspektiven. München 1993, S. 67.

2.3 Die Geschichte und Entwicklung der Medienpädagogik im 20. Jahrhundert im Hinblick auf das Verhältnis Medien und Kirche:

Die Geschichte und die Entwicklung der Medienpädagogik sind relativ jung. Wie vorher aufgezeigt, bedeutet dies nicht, dass sich die Pädagogik erst jetzt mit Medien beschäftigt. Das, was wir heute als Medienpädagogik bezeichnen, begann in den 1960er Jahren. Die Beschäftigung mit Medien, die sich Anfang des 20. Jahrhunderts vollzog, „war bis in die 60er Jahre in erster Linie Filmerziehung."[41] Bis zu dieser Zeit war der Kinofilm das vorherrschende Medium, das die Menschen faszinierte. Seit der Erfindung des Films verzeichnet man zunehmend eine „pädagogische Beschäftigung mit Medien [...] und so beschränkte sich Medienpädagogik zumindest bis zur Einführung des Fernsehens in der Hauptsache auf Filmerziehung."[42]

Durch die pädagogischen Reaktionen auf die jeweilig ‚neuen Medien' und die durch sie entstandenen gesellschaftlichen Diskussionen entsprang die Geschichte der Medienpädagogik. „Medienpädagogische Konzepte entstehen meist als zeitbedingte Antwortversuche auf die individuellen und gesellschaftlichen Fragen, die durch Medien verursacht werden; sie sind immer in engem Zusammenhang mit den jeweiligen politischen, ökonomischen und medientechnologischen Entwicklungen zu sehen."[43]

Die neu erscheinenden Medien werden von der Kultur seit jeher negativ aufgenommen, vor allem Pädagogen fordern sehr rasch wirksame Schutzmaßnahmen gegen neue Medienentwicklungen. Die Erkenntnis, dass sich Kommunikationstechnologien als Unterrichtsmedien, als

---
[41] Schorb, Bernd: Medienalltag und Handeln. Medienpädagogik in Geschichte, Forschung und Praxis. Opladen 1995, S. 14.
[42] Hüther, Jürgen/Podehl, Bernd: *Geschichte der Medienpädagogik*. In: Grundbegriffe Medienpädagogik. München 2005, S. 117.
[43] Hüther, Jürgen/Schorb, Bernd: *Medienpädagogik*. In: Grundbegriffe Medienpädagogik. München 2005, S. 267.

Instrumente der Selbstartikulation oder als Mittel zur alltäglichen Lebensbewältigung auch positiv nutzen lassen, folgt jeweils mit einiger Verzögerung. Anfang des letzten Jahrhunderts geschah dies so mit dem Medium Film, das damals neu entdeckt wurde. Man bezeichnete dieses Medium als „bedauernswerte Erscheinung des Großstadtlebens."[44] Seit Beginn des 20. Jahrhunderts wenden sich die Erzieher mehr und mehr den Medien zu. Dies fing an, als der Film begann, „sich zum Massenmedium zu entwickeln."[45] Das Medium Film stand sehr lange im kritischen Visier der Eltern und Pädagogen und wurde zu deren großem Problem. Es dauerte eine geraume Zeit, bis er dennoch akzeptiert wurde, sowohl in Schule, als auch im Alltag der damaligen Bevölkerung. „Der Film blieb bis zu seiner Ablösung durch das Fernsehen das mediale Hauptproblem besorgter Eltern und Lehrer, und so war das, was heute als Medienpädagogik bezeichnet wird, bis in die 60er Jahre des letzten Jahrhunderts eigentlich Filmerziehung."[46]

Die Entwicklung des Fernsehens vollzog den gleichen Werdegang: Anfangs kritisiert und missachtet, schließlich akzeptiert und hoch gelobt. Dieses Schema lässt sich auch heute wieder bei den neuen Medien beobachten. „Die Auseinandersetzung mit solchen Entwicklungslinien, überhaupt mit der Geschichte der Medienpädagogik ist bis heute weitgehend eklektisch geblieben; eine systematische Aufarbeitung medienpädagogischer Positionen und ihre Darstellung in epochenübergreifender Form existiert allenfalls in Ansätzen."[47] Es ist außerordentlich komplex, die Entwicklung der Medienpädagogik aufzuzeigen. Man ist vor „die Schwierigkeit gestellt, die Genese eines bis in die 60er Jahre des vorigen Jahrhunderts als Theorie überhaupt nicht

---

[44] Dannmeyer, C.H.:Bericht der Kommission für „lebende Photographien". Hamburg 1907 (als Faksimile Hamburg 1980).
[45] Hüther, Jürgen/Schorb, Bernd: *Medienpädagogik*. In: Grundbegriffe Medienpädagogik. München 2005, S. 266.
[46] Hüther, Jürgen/Schorb, Bernd: *Medienpädagogik*. In: Grundbegriffe Medienpädagogik. München 2005, S. 266.
[47] Hüther, Jürgen/Podehl, Bernd: *Geschichte der Medienpädagogik*. In: Grundbegriffe Medienpädagogik. München 2005, S. 116.

und auch als Praxisfeld nur undeutlich umrissenen Gegenstandsbereichs beschreiben zu wollen."[48]

Die Medienpädagogik hat jedoch, trotz ihrer kurzen Geschichte und Entwicklung einige bedeutende und unterschiedliche „Zielkategorien und Ansätze herausgebildet."[49]

Jürgen Hüther und Bernd Podehl unterteilen die Entwicklung der Medienpädagogik in folgende Phasen:

1. Die präventiv-normative Medienpädagogik: Bewahrpädagogik im 1. Drittel des 20. Jahrhunderts
2. Die propagandistisch – indoktrinäre „Medienpädagogik" im Dritten Reich
3. Die präventiv – normative Medienpädagogik: von der Fremdbewahrung zur Selbstbewahrung
4. Die kritisch – rezeptive und emanzipatorisch – politische Medienpädagogik
5. Die bildungstechnologisch – funktionale Medienpädagogik
6. Die reflexiv – praktische Medienpädagogik
7. Mit Medienkompetenz zur Medienbildung[50]

Da die Medienpädagogik als Disziplin nach Meinung verschiedener Autoren erst seit Mitte der 1960er Jahre existiert und so bezeichnet wird, ist im Nachstehenden dieses Wort in Anführungsstriche gesetzt. Die pädagogisch, intensive Auseinandersetzung mit den Medien beginnt eigentlich schon etwas früher, wird aber nicht von allen Autoren als Medienpädagogik bezeichnet.

Diese unterschiedlichen Phasen von Jürgen Hüther und Bernd Podehl werden nun im Folgenden ausführlich erörtert.

---

[48] Hüther, Jürgen/Podehl, Bernd: *Geschichte der Medienpädagogik.* In: Grundbegriffe Medienpädagogik. München 2005, S. 117.
[49] Hüther, Jürgen/Podehl, Bernd: *Geschichte der Medienpädagogik.* In: Grundbegriffe Medienpädagogik. München 2005, S. 118.
[50] Hüther, Jürgen/Podehl, Bernd: *Geschichte der Medienpädagogik.* In: Grundbegriffe Medienpädagogik. München 2005, S. 118.

2.3.1 Die präventiv-normative „Medienpädagogik": Bewahrpädagogik im 1. Drittel des 20. Jahrhunderts

„Medienpädagogisch interessant ist die Auseinandersetzung um die ‚schlechte' Presse, die die 2. Hälfte des 19.Jahrhunderts bis ins 20ste Jahrhundert hinein aus katholischer Seite dominiert. ‚Schlecht' meint dabei eine inhaltliche moralische Kategorie, bezieht sich nicht auf die journalistische Machart oder den Verbreitungsgrad, sondern auf die ‚unheimliche Macht', die man bekämpfen müsse."[51] Die Kirche kritisierte des Weiteren die freie Presse, „weil sie keinen persönlichen Gott und keinen Zusammenhang der Menschen mit Gott anerkenne, weil sie eine Feindin aller Offenbarung und der Kirche und damit wesentlich irreligiös sei, weil sie revolutionär sei und dem Zusammengehen von Kirche und Staat den Kampf angesagt habe."[52]

Durch die Entdeckung bzw. Erfindung des Mediums Film machten sich die Erwachsenen und Pädagogen zunehmend mehr Gedanken darüber, wie sie Kinder und Jugendliche von diesem ‚schlechten' Medium fernhalten und bewahren konnten. In nur kürzester Zeit wurde das Fernsehen die beliebteste Tätigkeit in der Freizeit der Menschen und somit auch zum Massenmedium. „Mit dem Aufkommen des Films zu Beginn des 20. Jahrhunderts hat sich eine pädagogische Haltung etabliert, die das kommerzielle Kino als niveaulose und moralisch bedenkliche Massenunterhaltung ablehnte."[53] Es wurde schließlich „in Schule und Erwachsenenbildung eine eindeutig als Bewahrpädagogik zu charakterisierende Erziehungspraxis betrieben."[54]

---

[51] Hoffmann, Bernward: Medienpädagogik im kirchlichen Feld: Entwicklungen, Konturen, Probleme, Perspektiven. München 1993, S. 68.
[52] Hoffmann, Bernward: Medienpädagogik im kirchlichen Feld: Entwicklungen, Konturen, Probleme, Perspektiven. München 1993, S. 68.
[53] Nolda, Sigrid: Pädagogik und Medien: Eine Einführung. Stuttgart 2002, S. 81.
[54] Hüther, Jürgen/Podehl, Bernd: *Geschichte der Medienpädagogik*. In: Grundbegriffe Medienpädagogik. München 2005, S. 119.

Des Weiteren wurde der „Nutzen des neuen Mediums Film für die Schul- und Volksbildung diskutiert. Es entstand eine von Pädagogen und Volkserziehern getragene Kinoreformbewegung, die neben der Bekämpfung des ‚schundhaften' Kinofilms gleichzeitig mit Hilfe dieses Mediums auch die Popularisierung von Wissen betreiben wollte."[55] Die Kinoreformbewegung begann in Deutschland im Jahre 1907 und war ein weit reichender Protest gegen das Medium Film. Das Kino in seiner heutigen Form jedoch entstand erst im Jahre 1910. Zu dieser Zeit der Kinoreformbewegung florierten in Deutschland der Handel und die Wirtschaft. Die Reparationszahlungen Frankreichs und die preußische Oberherrschaft machten es möglich, dass sich aus dem damaligen Deutschland innerhalb kürzester Zeit einer der wichtigsten Industriestaaten entwickeln konnte. Das Deutsche Reich hatte in den Bereichen der Technik, Industrie, Bildung,… eine führende Rolle erreicht und besaß viele Kolonien auf verschiedenen Kontinenten. Somit machte man viele Neuerfindungen und große Fortschritte in allen Bereichen.

Bernd Schorb hat die Ziele dieser Kinoreformbewegung in drei Schwerpunkte unterteilt:
- „Sie lehnt das vorhandene Angebot kommerzieller Filme ab und fordert jugendschützerische Maßnahmen von schulischer Prävention bis zu staatlicher Zensur.
- Sie entwickelt erste Annahmen über die Funktionsleistung von Filmen sowie über deren psychologische Wirkung beim Rezipienten.
- Sie fördert und fordert die Herstellung von pädagogisch geeigneten, in erster Linie dem Bildungsanspruch von Schulen dienenden Filmen."[56]

---

[55] Hüther, Jürgen/Podehl, Bernd: *Geschichte der Medienpädagogik*. In: Grundbegriffe Medienpädagogik. München 2005, S. 119.
[56] Schorb, Bernd: Medienalltag und Handeln. Medienpädagogik in Geschichte, Forschung und Praxis. Opladen 1995, S. 23.

Einer der Hauptakteure der Kinoreformbewegung war der evangelische Theologe und Hagener Gymnasialprofessor Adolf Sellmann. Sein Ziel war nicht die komplette Beseitigung des Mediums Film, sondern die Reformierung dieses Mediums. „Die stärksten Feinde aller Reform erwachsen aber dem Kino von außen. Dass unter den Reformern von Anfang an gerade die Lehrerschaft stark vertreten war, liegt in dem Beruf des Lehrers. Schon früh dachte man in diesen Kreisen daran, den Film als eines der lebendigsten u. wirkungsvollsten Anschauungsmittel für den Unterricht zu verwerten. Aber ehe man zur positiven Arbeit schreiten konnte, musste der Schutt und Schund ausgeräumt, mussten die Auswüchse beseitigt werden. So kam es, dass Kinogewerbe bzw. Kinopresse und Lehrerschaft sich von Anfang an nicht allzu freundlich gegenüberstanden. Aber der Kampf scheint jetzt erst recht zu entbrennen. Gerade hier in Westdeutschland. Die Lehrerschaft hat anfänglich nicht darauf reagiert. Das geht nun nicht mehr länger an. Bei dieser Abwehr darf kein Zwiespalt in unsere Reihen kommen. Ob Lehrer oder Lehrerin, ob Seminariker oder Akademiker, ob Katholik oder Protestant: Schulter an Schulter müssen wir kämpfen gegen den Schund und für die Ausnutzung des Kinos im Interesse des Unterrichts, der Jugendpflege und der Volksbildung."[57]

Im Jahre 1920 entwickelte sich schließlich eine vom Staat geförderte und kontrollierte Schulfilmbewegung. „Diese mündete später in die Reichsstelle für den Unterrichtsfilm, die die Vorgängerin des heutigen Instituts für Film und Bild in Wissenschaft und Unterricht ist."[58] Diese Bewegung griff vor allem den letzten Aspekt von Bernd Schorb auf und brachte diesen ein. „Die Schulfilmbewegung war ein technologisch orientierter Pädagogenzirkel, eng verflochten mit der staatlichen

---

[57] Zeitschrift „Bild und Film": Sellmann, Adolf: Der Kampf um den Kino. Westfalen, 1913. URL:http://www.lwl.org/westfaelische-geschichte/portal/Internet/finde/langDatensatz. php?urlID=1307&url_tabelle=tab_quelle (Zugang am 05.10.06 um 13.02 Uhr)
[58] Nolda, Sigrid: Pädagogik und Medien: Eine Einführung. Stuttgart 2002, S. 81.

Administration."[59] Diese Schulfilmbewegung war der Gegenpol zu den Reformern. Der Staat schaffte es, kontinuierlich seine Interessen in diesem Feld zu bewahren und auf den Hörfunk auszuweiten, „der im Oktober 1923 in Berlin mit der Ausstrahlung regelmäßiger Sendungen begann. Aufgrund der Fernmeldehoheit des Reiches konnte das Rundfunkwesen nämlich sofort unter staatliche Kontrolle gebracht werden, und es entwickelte sich schnell zu einem Sprachrohr der politischen Macht."[60]

Im Jahre 1910 schrieb der evangelische Pastor Walter Conrad das Buch „Kirche und Kinematograph. Eine Frage". Dieses Buch wurde von der damaligen katholischen Gemeinde sehr hoch geschätzt und war zu dieser Zeit die erste ausführliche Studie zum Verhältnis von Kirche und Film. Die Hauptargumente, die in diesem Buch genannt werden, „können als typisch für die Zeit bis 1933 genommen werden. Conradts Grundposition ist zunächst skeptisch bis ablehnend; er beurteilt das Kino in seinem derzeitigen Zustand als sittlichen Verführer, als ‚Macht des Bösen'. Aber das Medium könne Erzieher sein, ‚wenn die in ihm vorangegangenen Kräfte richtig zusammengefasst und verwertet werden'."[61] Es lassen sich drei Hauptargumente in seinem Buch unterscheiden. Conradt bezeichnet wie oben schon benannt den „Film in seinem derzeitigen Zustand als sittlichen Verführer, ‚Macht des Bösen'; der Film kann ‚auch Erzieher sein' und schließlich kann der Film besonders im Unterricht Lebendigkeit und Anschaulichkeit fördern."[62] Diese drei Hauptargumente bespricht er natürlich ausführlich in seinem Buch. „Das Verhältnis der Kirchen zum Kinematographen beschreibt Conradt als beiderseitig schlecht; der Kinematograph habe sich nicht mit

---

[59] Schorb, Bernd: Medienalltag und Handeln. Medienpädagogik in Geschichte, Forschung und Praxis. Opladen 1995, S. 25.
[60] Hüther, Jürgen/Podehl, Bernd: *Geschichte der Medienpädagogik*. In: Grundbegriffe Medienpädagogik. München 2005, S. 120.
[61] Hoffmann, Bernward: Medienpädagogik im kirchlichen Feld: Entwicklungen, Konturen, Probleme, Perspektiven. München 1993, S. 78/79.
[62] Hoffmann, Bernward: Medienpädagogik im kirchlichen Feld: Entwicklungen, Konturen, Probleme, Perspektiven. München 1993, S.79.

der christlichen Kirche und ihrer Wahrheit beschäftigt, und die Kirche habe sich nicht ernsthaft um den Kinematographen gekümmert. Dabei dürfe die Kirche sich nicht in Wartestellung begeben, denn sie muss im Film ‚einen Feind ihrer Wahrheit und Sittlichkeit erkennen, der ein wertvoller Freund und Mitarbeiter werden könnte'. Conradt fordert zur Aktion auf; in einem Schlagwort: ‚Christianisierung des Kinematographen".[63] Er war der Meinung, wenn man den Filmen bedeutende, geistliche Inhalte geben würde, wären sie hilfreich und absolut nicht schädlich für die Rezipienten.

Der Paderborner Bischof Kaspar Klein hingegen erkannte den Nutzen der Presse und verfasste 1922 einen Hirtenbrief, um diesen Nutzen der Presse deutlich zu machen: „Jeder von uns weiß, dass eine gut redigierte Tageszeitung eine Gehilfin des christlichen Apostolates im wahren Sinne des Wortes ist, ein hervorragendes Agitationsmittel zur Verbreitung der katholischen Grundsätze, ein unbedingt notwendiges Kampfmittel in der schweren Geisterschlacht unserer Tage. Nicht mit Unrecht wird die Zahl der Abonnenten auf katholische Tageszeitungen als ein sicherer Gradmesser für die Entwicklung und Betätigung des katholischen Lebens in einer Gemeinde bezeichnet..."[64] Mit diesem Schreiben versuchte er die Kirche zur Umkehr zu bewegen und ihr deutlich zu machen, wie sehr auch sie die Presse braucht.

Um zu verdeutlichen, welche Ausmaße das Medium Film zur damaligen Zeit hatte, schrieb Johannes Tews, der Volkslehrer war, 1932 ein Buch mit dem Titel *Geistespflege in der Volksgemeinschaft*. In diesem Buch schildert er eindrucksvoll, „welche Massen durch die damals neuen Medien Stummfilm (damals auch Laufbild genannt) und Hörfunk erreicht wurden."[65] Er beschreibt es in seinem Buch folgendermaßen: „Das

---

[63] Hoffmann, Bernward: Medienpädagogik im kirchlichen Feld: Entwicklungen, Konturen, Probleme, Perspektiven. München 1993, S. 81.
[64] Hoffmann, Bernward: Medienpädagogik im kirchlichen Feld: Entwicklungen, Konturen, Probleme, Perspektiven. München 1993, S. 69/70.
[65] Nolda, Sigrid: Pädagogik und Medien: Eine Einführung. Stuttgart 2002, S. 81.

Laufbild holt [...] Millionen, die abseits von allem gemeinsamen geistigen Leben in der Einsamkeit geistlos dahinbrüten, oder ein enges, in den vier Wänden sich abwickelndes geistiges Leben führen, in die Lichtspielhallen. Keine Kirche, kein Bildungsverein, weder Volksversammlungen noch Volksbewegungen brachten das auch nur annähernd in demselben Umfange zuwege. Viele von den Besuchern der Lichtspielhäuser besuchten früher unsere Vortragssäle, sie sind abgewandert [...] Am Rundfunk hängen andere oder dieselben Millionen [...] Für Millionen ist darum der Rundfunk wieder Kirche, Vortragssaal, Tonkunstabend, dem Lichtspiel überlegen durch die Unabhängigkeit vom Raum und damit in unmittelbarem Wettbewerb stehend mit Zeitung und Buch, die auch in jedes Haus kommen, wenn man sie ruft. "[66]

---

[66] Tews, Johannes: Geistespflege in der Volksgemeinschaft. Mit einem Essay von Horst Dräger. Stuttgart 1981, S. 202.

2.3.2 Die propagandistisch – indoktrinäre „Medienpädagogik" im Dritten Reich

„Von einer Medienpädagogik aus erziehungswissenschaftlicher Sicht kann während des Nationalsozialismus nicht die Rede sein, denn Medien wurden in dieser Zeit vorwiegend als Propaganda- und Indoktrinationsinstrumente genutzt. Das NS- Regime versuchte schließlich tatkräftig das Medienwesen in seinen Dienst zu stellen und ersetzte jegliche Medienpädagogik. „Medienpädagogik" im Dritten Reich „bedeutete die totale ideologische Indienststellung und Funktionalisierung von Massen- und Unterrichtsmedien unter dem Deckmantel einer als Unterhaltung und Volkserziehung getarnten medialen Propaganda."[67]
Bernd Schorb hingegen ist der Meinung, dass die „Medienpädagogik wieder Bedeutung gewann unter der nationalsozialistischen Diktatur"[68] durch die Gründung der die ‚Reichsanstalt für Film und Bild in Wissenschaft und Unterricht'(RWU) im Jahre 1934. Diese Tatsache kann man als positiv oder negativ empfinden, aber Fakt ist, dass man sich zu dieser Zeit sehr intensiv mit dem Medium Film auseinandersetzte. Außerdem erkannte man sehr schnell den enormen Einfluss, den die Medien auf die Bevölkerung hatten und so nutzte man diese Medien und auch das Erziehungswesen, um die Menschen gefügig zu machen. „Das gesamte Erziehungswesen, Theater, Film, Literatur, Presse, Rundfunk, sie haben alle den im Wesen unseres Volkstums lebenden Ewigkeitswerten zu dienen."[69]

---

[67] Hüther, Jürgen/Podehl, Bernd: Geschichte der Medienpädagogik. In: Grundbegriffe Medienpädagogik. München 2005, S. 120.
[68] Schorb, Bernd: Medienalltag und Handeln. Medienpädagogik in Geschichte, Forschung und Praxis. Opladen 1995, S. 26.
[69] Leuthoff, F.: Deutsche Volksbildungsarbeit (1937). In: Keim, H. und a. (Hg.): Volksbildung in Deutschland 1933 – 1945. Braunschweig 1976, S. 46.

Adolf Reichwein war derjenige, der 1933 den Grundstein für die Medienpädagogik legte. Er versuchte den Kindern und Jugendlichen die Fähigkeit beizubringen, einen kritischen Umgang mit Medien vollziehen zu können. „Reichwein entwarf seine, von ihm so genannte Seherziehung in der Praxis, zusammen mit den Kindern einer mecklenburgischen Landschule, in der er als Lehrer tätig war, nachdem die Nationalsozialisten ihm seine Professur in Halle entzogen hatten."[70] Seine Überzeugung war, dass die Bilder und AV- Medien eine tiefgründigere Bedeutung haben, als man oberflächlich wahrnimmt. Er versuchte die Kinder vom „‚Sehen', der Wahrnehmung der Oberfläche, zum ‚Schauen', der reflektierenden und hinterfragenden Betrachtung, zu führen."[71] Somit war Reichwein ein Vorläufer „jener Medienpädagogik, die den kritischen Rezipienten und zugleich schöpferischen Produzenten anstrebt [...] Sein Werk hat die Medienpädagogen der BRD allerdings nie maßgebend beeinflusst."[72]

Um die in der Weimarer Republik entstandene Schulfilmbewegung zu überwachen, gründete man im Jahr 1934 schließlich die „Reichsstelle für den Unterrichtsfilm". Diese Institution hatte die wichtige Aufgabe, alles staatlich zu kontrollieren und zu überwachen. 1940 wurde diese „unter Ausweitung ihres Aufgabenkreises in „Reichsanstalt für Film und Bild in Wissenschaft und Unterricht" (RWU) umbenannt. Die Gründung der RWU kann als einer der ersten Schritte des Reichsministeriums für Wissenschaft, Erziehung und Volksbildung zur Gleichschaltung und nationalsozialistischen Ausrichtung des Unterrichtswesens angesehen

---

[70] Hoffmann, Bernward: Medienpädagogik im kirchlichen Feld: Entwicklungen, Konturen, Probleme, Perspektiven. München 1993, S. 29.
[71] Schorb, Bernd: Medienalltag und Handeln. Medienpädagogik in Geschichte, Forschung und Praxis. Opladen 1995, S. 29.
[72] Schorb, Bernd: Medienalltag und Handeln. Medienpädagogik in Geschichte, Forschung und Praxis. Opladen 1995, S. 30.

werden, mit dem zugleich der Versuch unternommen wurde, die Medien, vor allem den Film, verstärkt in den Dienst der Erziehung zu stellen."[73] Das wohl bedeutungsvollste Medium im pädagogischen Bereich wurde zu dieser Zeit der Unterrichtsfilm. „Erst der neue Staat hat die psychologischen Hemmungen gegenüber der technischen Errungenschaft des Films völlig überwunden und er ist gewillt, auch den Film in den Dienst seiner Weltanschauung zu stellen."[74] Während der Zeit des Nationalsozialismus wurde natürlich alles zensiert und stand unter der Beobachtung des Staates. Die Werke vieler Autoren, Schriftsteller oder aber auch Regisseure wurden zensiert und verbannt. Alle Medien dienten als Propagandainstrumente und wurden somit gefördert und unter den Schutz des Staates gestellt. „Medienpädagogik während der faschistischen Gewaltherrschaft war ausschließlich am Interesse von Partei und Staat ausgerichtet."[75]

Auch im Bereich der Kirche wurden Einschränkungen und Zensierung vorgenommen. Man kann kurz und bündig sagen, dass „sich die Entwicklung des Verhältnisses Kirche - Medien in der Zeit 1933 - 1945 so kennzeichnet: Außendruck und innere Tradition bewirken einen Rückzug kirchlicher Reflexionen über mediales Lernen auf den rein innerkirchlichen religiösen Bereich und auf die entsprechende Außenrepräsentanz."[76] Die Kirche sollte sich auf ihre Arbeit konzentrieren und die Auseinandersetzung mit den Medien innerhalb ihres Wirkungskreises beschränken und sich nicht in die Arbeit des Staates einmischen. Im Jahre 1936 wurde die erste Medienenzyklika überhaupt vom Vatikan verfasst. „Ausdrücklich wendet sich Papst Pius XI. an die Bischöfe der Vereinigten Staaten von Amerika, um sie in ihrem ‚heiligen

---

[73] Hüther, Jürgen/Podehl, Bernd: *Geschichte der Medienpädagogik*. In: Grundbegriffe Medienpädagogik. München 2005, S. 121.
[74] Schorb, Bernd: Medienalltag und Handeln. Medienpädagogik in Geschichte, Forschung und Praxis. Opladen 1995, S. 26.
[75] Schorb, Bernd: Medienalltag und Handeln. Medienpädagogik in Geschichte, Forschung und Praxis. Opladen 1995, S. 28.
[76] Hoffmann, Bernward: Medienpädagogik im kirchlichen Feld: Entwicklungen, Konturen, Probleme, Perspektiven. München 1993, S. 110.

Kreuzzug' in Gestalt der ‚Legion of Decency' (Liga des Anstandes) zu unterstützen...Diese Initiative klassifizierte alle Filmproduktionen und verpflichtete ihre Mitglieder ausschließlich zum Besuch freigegebener Filme...Die Ganze Hierarchie und Macht der Kirche wird beschworen gegen die ‚Landplage eines sittenlosen und verderblichen Filmwesens...Papst Pius XI. sieht es als eine der dringlichsten Aufgaben der Zeit ‚zu wachen und zu wirken, dass der Film nicht ferner eine Schule der Verführung sei, sondern dass er sich umgestalte in ein wertvolles Mittel der Erziehung und Erhebung der Menschlichkeit."[77]

2.3.3 Die präventiv – normative „Medienpädagogik": von der Fremdbewahrung zur Selbstbewahrung

Durch die begründete Angst der Pädagogen, dass der Missbrauch der Medien wie im Dritten Reich sich jederzeit wiederholen könnte, stellte sich eine gewisse Medienskepsis nach 1945 auf deren Seite ein. Man versuchte jedoch, die Zeit des Dritten Reiches zu verdrängen und an die medienpädagogische Tradition der Weimarer Republik anzuknüpfen. „Die medienpädagogischen Bemühungen um Bewahrung vor „schädlichen" Einflüssen der Medien, vor allem des Films, und damit auch der normativ reglementierende Schutzgedanke wurden wieder aufgegriffen."[78] Dabei stand die Medienpädagogik während der ersten 20 Jahre nach der NS-Zeit unter dem großen Einfluss der USA. Die Siegermacht hatte sich alle Gesetze, die während der Weimarer Republik entstanden, zu Eigen gemacht und somit das Tor für eigene Produktionen in die deutschen Kinos geöffnet.

---

[77] Hoffmann, Bernward: Medienpädagogik im kirchlichen Feld: Entwicklungen, Konturen, Probleme, Perspektiven. München 1993, S. 188.
[78] Hüther, Jürgen/Podehl, Bernd: *Geschichte der Medienpädagogik*. In: Grundbegriffe Medienpädagogik. München 2005, S. 121.

Man begann durch diverse psychologische Filmwirkungsforschungen, die man nach dem zweiten Weltkrieg betrieb, herauszufinden, wie Kinder und Heranwachsende auf das Medium Film reagieren. Dies führte zur Annahme, dass „Kinder und Heranwachsende der Bilderflut und der Illusions- und Manipulationskraft des Films und ab 1953 des Fernsehens ohne Einleitung entgegenwirkender medienerzieherischer und gesetzlicher Schritte weitgehend hilflos ausgeliefert seien. Die Folge war eine Reihe von Maßnahmen zum Jugendmedienschutz durch den Staat, aber auch durch die Filmwirtschaft selbst, wie z.B.

- Freiwillige Selbstkontrolle der Filmwirtschaft: FSK (1949)
- Gesetz zum Schutz der Jugend in der Öffentlichkeit: JÖSchG (1951)
- Gesetz über Verbreitung jugendgefährdender Schriften: GjS (1953)...."[79]

Da zu dieser Zeit das Interesse an Medien rapide anstieg und diese immer populärer wurden, gab es keine Chance mehr, die Medien zu missachten bzw. sie zu bekämpfen. Gleichzeitig zur Entwicklung des Fernsehens zum Massenmedium gelang es der Sowjetunion den Satelliten Sputnik in die Umlaufbahn der Erde zu schicken. „Die damals allgemeine Befürchtung, die kapitalistischen Industriestaaten könnten die wirtschaftliche Vormachtstellung einbüßen, da es ihnen an qualifiziertem Nachwuchs fehlte, hatte außerordentliche Investitionen in Bildung zur Folge."[80] Man versuchte durch das Zusammenwirken verschiedener Medien im Schulalltag eine effiziente und hohe Bildung zu erreichen. Man setzte „Schulfernsehen und programmiertes Lernen"[81] gezielt ein, da man dadurch hoffte, schnell und effektiv den Rückstand auszugleichen.

---

[79] Hüther, Jürgen/Podehl, Bernd: *Geschichte der Medienpädagogik*. In: Grundbegriffe Medienpädagogik. München 2005, S. 122.
[80] Schorb, Bernd: Medienalltag und Handeln. Medienpädagogik in Geschichte, Forschung und Praxis. Opladen 1995, S. 15.
[81] Schorb, Bernd: Medienalltag und Handeln. Medienpädagogik in Geschichte, Forschung und Praxis. Opladen 1995, S. 15.

„Statt Bewahrung vor den Medien hieß es nun: Hinführung zu ihrer kritischen Nutzung. Gleichzeitig entdeckte man die Möglichkeit, Medien verstärkt in den Dienst von Unterricht und Ausbildung zu stellen."[82] Das wichtigste medienpädagogische Mittel war zu dieser Zeit das Filmgespräch. Dies sollte die Kinder und Jugendlichen nach dem Film desillusionieren und sie über die verwendeten Effekte aufklären. Die nach 1945 aufgebaute katholische Presse „blieb eine ‚Presse für Katholiken'."[83]

2.3.4 Die kritisch – rezeptive und emanzipatorisch – politische „Medienpädagogik"

Diese bisherige Entwicklung der Medienpädagogik und die „auf Selbst-Immunisierung ausgerichtete Medienerziehung und ein übereifriger Jugendmedienschutz wurden von den Jugendlichen immer stärker als einengende Bevormundungen empfunden."[84] Natürliche Reaktion der Jugendlichen war der Boykott und eine Gegenbewegung dazu. Die Jugendlichen identifizierten sich mehr und mehr mit den Stereotypen der amerikanischen Filme und „schufen sich eigene Lebensformen und ein eigenes (Medien-) Konsumverhalten, bei denen Blue Jeans und Elvis (Presley)- Tolle, die Nachahmung der Leinwandrebellen James Dean und Marlon Brando sowie die provokative Begeisterung für Rock'n Roll und für Identifikationsfilme wie „Staat und Gewalt", „…denn sie wissen nicht, was sie tun" oder „Der Wilde" zu äußeren Zeichen des inneren Protests

---

[82] Hüther, Jürgen/Schorb, Bernd: *Medienpädagogik.* In: Grundbegriffe Medienpädagogik. München 2005, S. 266.
[83] Hoffmann, Bernward: Medienpädagogik im kirchlichen Feld: Entwicklungen, Konturen, Probleme, Perspektiven. München 1993, S. 114.
[84] Hüther, Jürgen/Podehl, Bernd: *Geschichte der Medienpädagogik.* In: Grundbegriffe Medienpädagogik. München 2005, S. 122.

wurden."[85] Durch diese Gegenreaktion der Jugendlichen verlor die präventive Medienerziehung an Bedeutung. Zusammenfassend lässt sich die Medienpädagogik während der 1950er und 1960er Jahre nach Bernd Schorb mit den „Begriffen Anpassung und Enge kennzeichnen."[86] Diese Art der Medienpädagogik passte sich an die dominierenden Normen des Materialismus an und beurteilte bzw. hinterfragte ihre Inhalte nicht. Das Medium Film wurde angestrengt abgelehnt, man „ließ nur solche Inhalte gelten, die sich in ihr ideologisch-pädagogisches Weltbild einpassten."[87]

Des Weiteren erforderte die Erfindung und weite Ausbreitung des Fernsehens eine Medienpädagogik, die nicht mehr so negativ und kritisierend die Medien beurteilte. Aus diesem Verlangen heraus entwickelte sich Mitte der 60er Jahre eine Medienpädagogik, die „die Anleitung zum sinnvollen Gebrauch der Medien anstrebt. Sie will durch hinterfragende Auseinandersetzung und desillusionierende Problematisierung zu einer distanzierten Nutzung der Medien führen."[88]

Vom Vatikan wurde 1957 die Enzyklika „Miranda prorsus" verfasst. Zu dieser Zeit war Papst Pius XII. das führende Oberhaupt der katholischen Kirche in Rom. Diese Enzyklika war nach 1936 das „zweite große Medienschreiben eines Papstes. [...], zentrales Anliegen ist, über die Gefährdung des christlichen Glaubens und der Sitten bei Missbrauch der weitwirkenden Massenmedien aufzuklären und Nutzen und Vorteile dieser technischen Mittel aufzuzeigen."[89] Durch diese Enzyklika wird klar, dass sich die Kirche mit den Medien und ihrer Wirkung beschäftigt. Des Weiteren wird in dieser Enzyklika, „die Notwendigkeit und

---

[85] Hüther, Jürgen/Podehl, Bernd: *Geschichte der Medienpädagogik*. In: Grundbegriffe Medienpädagogik. München 2005, S. 122.
[86] Schorb, Bernd: Medienalltag und Handeln. Medienpädagogik in Geschichte, Forschung und Praxis. Opladen 1995, S. 41.
[87] Schorb, Bernd: Medienalltag und Handeln. Medienpädagogik in Geschichte, Forschung und Praxis. Opladen 1995, S. 41.
[88] Hüther, Jürgen/Podehl, Bernd: *Geschichte der Medienpädagogik*. In: Grundbegriffe Medienpädagogik. München 2005, S. 123.
[89] Hoffmann, Bernward: Medienpädagogik im kirchlichen Feld: Entwicklungen, Konturen, Probleme, Perspektiven. München 1993, S. 193.

Eigengesetzlichkeit publizistischer Medien in der heutigen Gesellschaft anerkannt [...] und auch dass die Medien dem Menschen einen sinnhafteren, leichteren, ganzheitlicheren Weltzugang ermöglichen, als rein kognitive Lehrmethoden."[90] Eine weitere Analyse und Betrachtung der Enzyklika „Miranda prorsus" würde an dieser Stelle zu weit führen.

2.3.5 Die bildungstechnologisch – funktionale Medienpädagogik

„Parallel zur gerade skizzierten Entwicklung etablierte sich eine medienpädagogische Richtung, die nachdrücklich vor Augen führt, dass Medienpädagogik sich nicht nur mit den publizistischen Medien als Mittel öffentlicher Kommunikation beschäftigt, sondern ebenso mit den didaktischen Medien als Mittel unterrichtlicher Kommunikation."[91] Für einen extremen Wandel in der Entwicklung der Medienpädagogik war das Werk *Die deutsche Bildungskatastrophe. Analyse und Dokumentation* von Georg Picht (1964) verantwortlich. Prof. Dr. Picht war Philosoph, Theologe und Pädagoge, der mit den Artikeln, die er in der Zeitschrift „Christ und Welt" veröffentlichte, für Aufruhr in der Bildungspolitik sorgte.

Bernd Schorb hingegen sieht den Höhepunkt der Bewahrpädagogik im selben Jahr (1964) aufgrund des Films „Das Schweigen" von Ingmar Bergmann. Dieser Film sorgte für ausgelassene Diskussionen im Bundestag. Man debattierte die Tatsache, dass durch die unkontrollierte Freigabe von Filmen die Moral und Sitte der Gesellschaft verfallen werden. Somit kamen in den 60er Jahren heftige Diskussionen auf und

---

[90] Hoffmann, Bernward: Medienpädagogik im kirchlichen Feld: Entwicklungen, Konturen, Probleme, Perspektiven. München 1993, S. 200.
[91] Hüther, Jürgen/Podehl, Bernd: *Geschichte der Medienpädagogik*. In: Grundbegriffe Medienpädagogik. München 2005, S. 123.

„der schnell gefundene und euphorisch begrüßte Ausweg aus der prophezeiten Misere wurde im verstärkten Einsatz von Medien im Unterricht und als tragende Säule neuer Medienverbundsysteme gesehen."[92] Dies hatte einen bis in die späten 70er Jahre andauernden Medienboom[93] zur Folge. Die Schulen, Universitäten und diverse andere Bildungseinrichtungen wurden mit allen möglichen Medien ausgestattet und unterstützt. Im Vordergrund dieses Konzeptes steht der „funktionsgerechte Einsatz von Medien, mit dem eine zweckrationale Unterrichtsstrategie verwirklicht werden soll, die vorgegebenen Lernziele durch optimalen Mitteleinsatz möglichst gradlinig und verlustfrei zu erreichen versucht. Diese durch die Arbeiten Skinners initiierte Richtung geht von der Prämisse aus, Lernen als einen reinen Reiz – Reaktionsvorgang zu betrachten und Medien innerhalb des Lernvorgangs als Reizauslöser und Reaktionskontrolleur einzusetzen."[94] Vom heutigen Standpunkt her betrachtet waren die 1970er Jahre nach der Meinung von Bernd Schorb die „bislang fruchtbarste Zeit für die Medienpädagogik."[95]

---

[92] Hüther, Jürgen/Podehl, Bernd: *Geschichte der Medienpädagogik*. In: Grundbegriffe Medienpädagogik. München 2005, S. 123/124.
[93] Hüther, Jürgen/Podehl, Bernd: *Geschichte der Medienpädagogik*. In: Grundbegriffe Medienpädagogik. München 2005, S. 124.
[94] Hüther, Jürgen/Podehl, Bernd: *Geschichte der Medienpädagogik*. In: Grundbegriffe Medienpädagogik. München 2005, S. 124.
[95] Schorb, Bernd: Medienalltag und Handeln. Medienpädagogik in Geschichte, Forschung und Praxis. Opladen 1995, S. 43.

2.3.6 Die reflexiv – praktische Medienpädagogik

In der zweiten Hälfte der 70er Jahre ging die bisherige Entwicklung der Medienpädagogik in die „von Schorb so bezeichnete reflexiv – praktische Medienpädagogik über, die vor allem durch ihre handlungs- und teilnehmerorientierte Ausrichtung charakterisiert ist (Breuer u. s. 1979)."[96] Das Ziel dieser Medienpädagogik ist es, den Nutzer durch den Einsatz von Medien zur „Veränderung von Handeln und Verhalten"[97] zu führen. „Nicht mehr die technischen und didaktischen Möglichkeiten der Medien standen im Mittelpunkt, sondern ihre gesellschaftliche Relevanz und ihr konkreter Nutzen für den Einzelnen. Damit machte sich die so genannte emanzipatorische Medienpädagogik auf den Weg, deren Hauptanliegen es war, Kommunikationsstrukturen zu demokratisieren."[98] Diese Phase der Medienpädagogik will die Haltung der Konsumenten verändern und ihnen bewusst machen, dass der Konsum diverser Medien mit dem Hintergrund eines reflektierten Prozesses geschehen soll und auch gleichzeitig Handlungskompetenz im Umgang mit Medien vermitteln. „Diese auf Handlungsorientierung und Teilnehmeraktivierung bauende Medienpädagogik will den passiven Medienkonsumenten durch Vermittlung von Medienkompetenz zu einem aktiven Mitgestalter des öffentlichen Mediengeschehens machen, um so die verkrusteten Strukturen medialer Einwegkommunikation dauerhaft aufzubrechen."[99] Einer der Schlüsselfiguren, der wohl am meisten zu dieser Phase der Medienpädagogik beigetragen und ausprobiert hat, ist Dieter Baacke. Er war ein sehr bekannter und renommierter Erziehungswissenschaftler an

---

[96] Hüther, Jürgen/Podehl, Bernd: *Geschichte der Medienpädagogik*. In: Grundbegriffe Medienpädagogik. München 2005, S. 125.
[97] Hüther, Jürgen/Podehl, Bernd: *Geschichte der Medienpädagogik*. In: Grundbegriffe Medienpädagogik. München 2005, S. 125.
[98] Hüther, Jürgen/Schorb, Bernd: *Medienpädagogik*. In: Grundbegriffe Medienpädagogik. München 2005, S. 267.
[99] Hüther, Jürgen/Podehl, Bernd: *Geschichte der Medienpädagogik*. In: Grundbegriffe Medienpädagogik. München 2005, S. 126.

der Universität in Bielefeld. Des Weiteren lässt sich „der Beginn der modernen, auf den Kompetenzbegriff gerichteten Medienpädagogik auf das Erscheinen von *Kommunikation und Kompetenz* datieren."[100] Er entwickelte in diesem Buch, ausgehend von Marx und dessen Herleitung von Sprache, „Strategien der Realisierung von nicht gestörten Kommunikationsprozessen."[101] Außerdem war er der Meinung, dass „Medien eine Besonderung kommunikativer Strukturen darstellen und ‚Medienpädagogik' ist die Disziplin, die sich in ihrer Aufgabenbeschreibung als Teil von Erziehungs- wie Bildungsprozessen versteht, und zwar in Bezug auf den Handlungs- und Objektbereich ‚Medien'. Diese Einsicht erscheint mir grundlegend: Indem wir ‚Medien' zwar als in der modernen Gesellschaft wichtiges Kommunikationsmedium erfahren, dürfen wir doch nicht davon absehen, dass kommunikative Akte auch in Face-to-face-Situationen, live und in direkter Begegnung, über Sprache und Sprechen, Sich-Anschauen, Sich-Berühren etc. stattfinden..."[102]

Der Vatikan beschäftigt sich zunehmend mit der Auseinandersetzung der Medien. Und schließlich wird 1971 die Pastoralinstruktion „Communio et Progressio" veröffentlicht, auf die in einem Extrakapitel ausführlich eingegangen wird.

---

[100] Nolda, Sigrid: Pädagogik und Medien: Eine Einführung. Stuttgart 2002, S. 56.
[101] Baacke, Dieter: Kommunikation und Kompetenz. Grundlegung einer Didaktik der Kommunikation und ihrer Medien. München 1973, S. 12.
[102] Medienpädagogik online: Bundeszentrale für politische Bildung ;
http://www.medienpaedagogik-online.de/mk/00381/ (02.09.06 12:57Uhr)

2.3.7 Mit Medienkompetenz zur Medienbildung

„Die heutige Medienpädagogik stellt sich anders als in den 70er Jahren mit interdisziplinären Konzepten der medientechnischen und –kulturellen Entwicklung. Sie versucht die Zusammenhänge zwischen den technischen, pädagogischen, politischen und ökonomischen Implikationen der Medien stärker zu berücksichtigen und das Verhältnis Mensch-Medien mit einer ganzheitlichen Fragestellung anzugehen, denn berufliche Vollzüge, der tägliche Geschäftsverkehr, das private Kommunikations- und Freizeitverhalten werden immer medienabhängiger."[103] Medien haben sich mittlerweile schon in allen möglichen Lebensbereichen etabliert und angesiedelt. Sie nehmen heutzutage einen sehr großen Einfluss auf das tägliche Leben und auch auf die Bildung. „Medien erweitern den Erlebnis- und Erfahrungshorizont des Menschen, führen aber gleichzeitig zur Einschränkung von Primärerfahrungen und zur Verstärkung von Medienabhängigkeit. Deshalb ist es mehr denn je fundamentale Aufgabe der gegenwärtigen Medienpädagogik, *Kompetenzen* zu vermitteln, die weit mehr sind als reine Medienanwendungsqualifikationen [...] Anwendungswissen muss eingebettet werden in Orientierungswissen, das den einzelnen in die Lage versetzt, auch die Probleme zu analysieren, die durch die Multimedia - Technologien entstehen, und das dazu befähigt, die Bedingungen aufzudecken, unter denen sie arbeiten [...] Die Ausbildung von Kompetenzen für das selbständige Zurechtfinden in diesem Geflecht, in dem Medien gleichzeitig Gegenstand und Mittel der Bildung sind, macht das wesentliche Ziel heutiger Medienpädagogik aus."[104]

---

[103] Hüther, Jürgen/Podehl, Bernd: *Geschichte der Medienpädagogik.* In: Grundbegriffe Medienpädagogik. München 2005, S. 126.
[104] Hüther, Jürgen/Podehl, Bernd: *Geschichte der Medienpädagogik.* In: Grundbegriffe Medienpädagogik. München 2005, S. 127.

2.4 Medienpädagogik in ‚Communio et Progressio'

Diese Pastoralinstruktion ist in drei Teile unterteilt. In dieser, der mir vorliegenden Ausgabe (2. Auflage 1991 des Paulinus-Verlages in Trier) behandelt der
ERSTE TEIL: Instrumente der sozialen Kommunikation in christlicher Sicht: Grundzüge der Lehre; der
ZWEITE TEIL: Die Instrumente der sozialen Kommunikation als Faktoren des menschlichen Fortschritts und der
DRITTE TEIL: Aufgaben der Katholiken auf dem Gebiet der Kommunikationsmittel.

In dieser Pastoralinstruktion über die Instrumente der sozialen Kommunikation wird „Christus als der Meister der Kommunikation"[105] bezeichnet. Dies bedeutet, dass er als Mensch dargestellt wird und nur so kann er sich Menschen mitteilen. Christus verkündet seine Botschaft und spricht mit den Menschen, um diese weiterzugeben. Somit ist er derjenige, der „ihnen aus dem Herzen sprach, ganz in ihrer Mitte stehend. Er verkündete die göttliche Botschaft verbindlich, mit Macht und ohne Kompromiss. Andererseits glich er sich ihnen in der Art und Weise des Redens und Denkens an, da er aus ihrer Situation heraus sprach. Tatsächlich ist Kommunikation mehr als nur Äußerung von Gedanken oder Ausdruck von Gefühlen; im Tiefsten ist sie Mitteilung seiner selbst in Liebe. Die Kommunikation Christi ist Geist und Leben (Joh 6,63)."[106] So gehören die Kommunikation, die Gemeinschaft und die Liebe nach dem christlichen Verständnis zusammen.[107]

---

[105] Pastoralinstruktion „Communio et Progressio" (CeP), 2. Auflage, S.11.
[106] Pastoralinstruktion „Communio et Progressio" (CeP), 2. Auflage, S.11.
[107] Henning, Karsten; Steib, Rainer: Leitfaden Medienarbeit. Erfahrungsorientierte Medienpraxis für Religionsunterricht und Bildungsarbeit. München 1997, S. 45.

Überdies definiert diese Pastoralinstruktion die Medien als ‚Instrumente der sozialen Kommunikation' und „damit als Werkzeuge, die im Dienst des Menschen stehen und von ihm beherrschbar sind."[108] Des Weiteren verleiht die ‚Communio et Progressio' den Medien im Zusammenhang mit der Kommunikation und der Gemeinschaft eine religiös-kirchliche Wertschätzung[109]. Der durch die neue Technik „vermittelte Fluss der Nachrichten und Meinungen bewirkt in der Tat, dass alle Menschen auf dem ganzen Erdkreis wechselseitig Anteil nehmen an den Sorgen und Problemen, von denen die einzelnen und die ganze Menschheit betroffen sind. Das sind notwendige Voraussetzungen für das Verstehen und die Rücksichtnahme untereinander und letztlich für den Fortschritt aller."[110]

„Die Aufgaben, welche die Kommunikationsmittel in der Gesellschaft haben, erfüllen sich nicht von selbst. Deshalb müssen Kommunikatoren und Rezipienten auf diesem Gebiet gut vorbereitet und ausgebildet sein, damit sie die Möglichkeiten der Medien voll ausschöpfen können. Jeder muss sich seiner besonderen Rolle bewusst sein und sich darauf als einzelner und als Glied der Gesellschaft vorbereiten. Dem Staat, der Kirche und den Erziehern fallen dabei Verpflichtungen besonderer Art zu, damit die Medien zum Wohl der Gesellschaft tatsächlich leisten, was sie versprechen."[111]

Die Schülerinnen und Schüler müssen ausführlich und genau an das Thema herangeführt werden und dies muss den Altersstufen entsprechend geschehen. Aus diesem Grund ist es unabdingbar, dass sich der Erzieher bzw. die Lehrperson in diesem Gebiet hinlänglich auskennen. Die Medienpädagogik, die betrieben wird, sei es im Klassenzimmer oder andernorts, sollte immer auf dem neuesten Stand

---
[108] Wörther, M.: *Kirchliche Medienkompetenz aus katholischer Sicht*. In: Medien – Bildung – Religion. Pirner, Manfred/L.: Breuer, T. (Hg.):München 2004, S. 79.
[109] Henning, Karsten; Steib, Rainer: Leitfaden Medienarbeit. Erfahrungsorientierte Medienpraxis für Religionsunterricht und Bildungsarbeit. München 1997, S. 46.
[110] Pastoralinstruktion „Communio et Progressio" (CeP), 2. Auflage, S.16.
[111] Pastoralinstruktion „Communio et Progressio" (CeP), 2. Auflage, S.34.

sein. Somit ist eine ständige Weiterbildung der Lehrperson unerlässlich und sollte in regelmäßigen Abständen geschehen, da die Entwicklung der Medien fortwährend ist und nie stagniert. Die Erziehung soll so vollzogen werden, dass die Kinder in der Lage sind, eine kritische Abwägung der unterschiedlichen Medien vornehmen zu können und sich selbst ein Urteil darüber bilden können. Die Erziehung zur persönlichen Verantwortung[112] wird als erste Strategie gefordert: „Eltern und Erzieher sollen ihre Kinder anleiten, aus dem Angebot der Kommunikationsmittel nach eigenem Urteil eine Auswahl zu treffen."[113] In dieser Hinsicht sollten jedoch aber den Eltern und den Erziehern das letzte Wort gewährt werden. Diese sollten sich die von den Jugendlichen favorisierten Medien genauer anschauen, um sich selbst ein Urteil darüber zu bilden und sich „alle Mühe geben, den Kindern ihre gegenteilige Auffassung einleuchtend zu begründen; denn in der Erziehung führen Argumente weiter als Verbote."[114] So ist es sehr nützlich, „wenn Eltern und Erzieher sich persönlich für Sendungen, Filme, Bücher und Zeitschriften interessieren, die Jugendlichen gefallen. Sie können dann mit ihnen darüber sprechen und dabei deren kritischen Geist zu formen suchen. Bei der Begegnung mit problematischen oder bedenklichen Produktionen und Kunstwerken sollten die Eltern ihren Kindern rechtzeitig behilflich sein und sie gleichsam an die Hand nehmen, damit sie lernen, darin die menschlichen Werte aufzuspüren, ein Werk als Ganzes zu sehen und die Einzelheiten in den Zusammenhang einzufügen."[115]

Für Bernward Hoffmann bedeutet dies schließlich, „dass die Erzieher die Möglichkeit des Gesprächs und somit der kritischen Einflussnahme haben."[116] Die Schülerinnen und Schüler müssen altersgerecht und

---

[112] Hoffmann, Bernward: Medienpädagogik im kirchlichen Feld: Entwicklungen, Konturen, Probleme, Perspektiven. München 1993, S. 221.
[113] Pastoralinstruktion „Communio et Progressio" (CeP), 2. Auflage, S.36.
[114] Pastoralinstruktion „Communio et Progressio" (CeP), 2. Auflage, S.36.
[115] Pastoralinstruktion „Communio et Progressio" (CeP), 2. Auflage, S.36.
[116] Hoffmann, Bernward: Medienpädagogik im kirchlichen Feld: Entwicklungen, Konturen, Probleme, Perspektiven. München 1993, S. 221.

angebracht „in die Grundlagen und Grundregeln der Presse sowie der jüngeren Medien"[117] eingeführt werden. Außerdem sollen sie lernen, sinnvoll und praktisch mit diesen angebotenen Medien umzugehen. Der Unterricht mit neuen Medien „muss im Lehrplan seinen festen Platz haben und ergänzt werden durch Sonderkurse und praktische Übungen unter Anleitung von Fachleuten."[118] Diese Pastoralinstruktion „fordert eine klare institutionelle Verankerung von Medienpädagogik."[119]

Eltern kennen sich natürlich nicht mit allen Medien gleichermaßen aus, da sie nicht mit allen aufgewachsen sind. Im Laufe der letzen Jahre geschah der Fortschritt so schnell, dass man sich kaum mit allen Medien genügend auseinandersetzen konnte, um sie kennen zu lernen. Diese Entwicklung verhält sich konträr zu derjenigen der Jugendlichen. Diese werden in der heutigen Zeit schon sehr früh mit Medien konfrontiert und lernen spielend damit umzugehen. Daher sollten „die Eltern ruhig darauf vertrauen, dass die Kinder, die in einer anderen Zeit und in einer ganz neuen Umwelt aufwachsen, darum auch von vornherein sich besser einstellen und rüsten können gegen die vielfachen Belastungen, denen sie begegnen."[120]

Zusammenfassend gibt diese Pastoralinstruktion den Eltern und Erziehern einige Vorschläge und Richtlinien bezüglich der Medienpädagogik. Sie setzt keine absoluten Gebote oder Verbote, sondern versucht den Erziehern und Eltern einen Leitfaden im Umgang mit Medien anzubieten. Außerdem appelliert sie an die Erziehungsberechtigten, sich in die jeweilige Lage der Jugendlichen zu versetzen und diese durch einfache, aber bestimmte Argumente zum pflichtbewussten Umgang mit den Medien hinzuführen. Des Weiteren sollen die Lehrer und Erzieher durch ständige Weiterbildung mit der Zeit

---

[117] Pastoralinstruktion „Communio et Progressio" (CeP), 2. Auflage, S.36.
[118] Pastoralinstruktion „Communio et Progressio" (CeP), 2. Auflage, S.37.
[119] Hoffmann, Bernward: Medienpädagogik im kirchlichen Feld: Entwicklungen, Konturen, Probleme, Perspektiven. München 1993, S. 221.
[120] Pastoralinstruktion „Communio et Progressio" (CeP), 2. Auflage, S.37.

gehen und bezüglich der Medienpädagogik ständig auf dem neuesten Stand sein. Weiterhin wird erwähnt, dass es für die, die den Beruf des Kommunikators ausüben, außerordentlich wichtig ist, ausführlich informiert zu sein und gute Grundkenntnisse zu besitzen. „Diese Ausbildung darf sich indessen nicht auf rein fachliche Fertigkeiten beschränken, sondern muss die kulturellen und menschlichen Probleme einbeziehen. Die Kommunikationsmittel sind ja schließlich der Menschen willen da. Darum müssen die Kommunikatoren vom Bewusstsein getragen werden, den Menschen immer dienen zu wollen."[121]

Je mehr sich die Kommunikatoren darüber bewusst sind, dass sie die Verantwortung über die Konsumenten haben, umso mehr fühlen sie sich in ihrem tägliche Beruf wohl und tragen dies nach außen. Somit ist das Interesse und die Neugier der Rezipienten vorprogrammiert. Die Kommunikatoren müssen sich aber darüber im Klaren sein, dass hinter den Empfängern der Botschaften der technisierten Medien „Menschen aus Fleisch und Blut"[122] stehen. Einen maßgeblichen Vorteil bringt hierbei natürlich die einwandfreie Kenntnis jedes einzelnen Mediums. Somit ist eine gute Vermittlung gewährleistet und dann werden die Medien dazu beitragen, das Verständnis und die Verbundenheit der Menschen untereinander zu vertiefen."[123]

Die Kommunikatoren sollten bei der „Auswahl ihrer Stoffe"[124] wenn möglich jedes kleinste Detail berücksichtigen. Die Auswahl muss dem Publikum angepasst werden und sie sollten sich explizit auf dieses vorbereiten. „Nur wenn sie sich einstellen auf die verschiedenen Altersstufen, auf die einzelnen Schichten in der Gesellschaft und den

---

[121] Pastoralinstruktion „Communio et Progressio" (CeP), 2. Auflage, S.37.
[122] Pastoralinstruktion „Communio et Progressio" (CeP), 2. Auflage, S.37.
[123] Pastoralinstruktion „Communio et Progressio" (CeP), 2. Auflage, S.38.
[124] Pastoralinstruktion „Communio et Progressio" (CeP), 2. Auflage, S.38.

unterschiedlichen Bildungsstand ihrer Rezipienten, können sie allen Erfordernissen und Erwartungen des Publikums gerecht werden."[125] Des Weiteren steht in dieser Pastoralinstruktion geschrieben, dass „die Kirche die dringliche Notwendigkeit sieht, dass sie selbst den Rezipienten eine Medienpädagogik anbietet, die von christlichem Geist getragen ist."[126]

Die katholischen Schulen und Bildungseinrichtungen haben die bedeutungsvolle Aufgabe, die „Rezipienten so zu bilden, dass sie nicht allein gute Leser, Hörer und Zuschauer sind, sondern dass sie selbst sich auch jener ‚universalen Sprache' zu bedienen vermögen, die den Medien eigen ist."[127]

Die Bürgerinnen und Bürger sollen dazu befähigt werden, sich kritisch, aber auch gekonnt mit Medien auseinanderzusetzen und sich im „Zeitalter der sozialen Kommunikation"[128] sicher und selbstbewusst bewegen können.

„Die Pastoralinstruktion ist weder methodische Anleitung noch Curriculum; entsprechend bleiben die Konkretisierungen zum medienpädagogischen Bereich allgemein. Bemerkenswert ist aber der Kern der medienpädagogischen Argumentation: die ‚Einbindung von Medienpädagogik in ein publizistisches Modell sozialer Kommunikation, gleichsam als deren Basisarbeit'."[129]

---

[125] Pastoralinstruktion „Communio et Progressio" (CeP), 2. Auflage, S.38/39.
[126] Pastoralinstruktion „Communio et Progressio" (CeP), 2. Auflage, S.50.
[127] Pastoralinstruktion „Communio et Progressio" (CeP), 2. Auflage, S.50.
[128] Pastoralinstruktion „Communio et Progressio" (CeP), 2. Auflage, S.50.
[129] Hoffmann, Bernward: Medienpädagogik im kirchlichen Feld: Entwicklungen, Konturen, Probleme, Perspektiven. München 1993, S. 222.

3. Vorgeschichte und derzeitige Situation des Religionsunterrichts:

Die Institution Schule ist ursprünglich eine kirchliche Idee gewesen. Die Geschichte der Schulen beginnt im Mittelalter, wo es sehr wenige Schulen gab. Diese Schulen waren unter kirchlicher Leitung und wurden als „Lateinschulen"[130] bezeichnet. Das Fächersystem, wie es heute existiert gab es zu dieser Zeit noch nicht. Damals saßen alle SchülerInnen in einem großen Raum und wurden über biblische Ereignisse, christliche Erzählungen und die Bräuche und Lehren der damaligen Zeit unterrichtet. Der Schulbesuch war nicht verbindlich und es bestand zu dieser Zeit keine Schulpflicht. Der Besuch dieser Einrichtung war ausschließlich abhängig vom Stand der Eltern und dessen Reichtum. Die Schulpflicht wurde schließlich erst im 19. Jahrhundert eingeführt. Martin Luther war einer derjenigen, durch den das Schulwesen weiterentwickelt und nachhaltig gefördert wurde. „Er nämlich legte mit seinem ‚Kleinen Katechismus' den Grundstock für die von protestantischen Kirchen begründeten Grundschulen, in denen neben dem Katechismus auch Lesen, Schreiben und Rechnen vermittelt wurde, denen sich alsbald höhere Schulen mit einem Kanon aus Bibelsprachen (Hebräisch, Griechisch, Latein), Mathematik und Naturwissenschaften angliederten."[131] Für die Schüler dieser Zeit sollte es sehr wichtig sein, die Bibel lesen und verstehen zu können. „Martin Luther hatte in einer seiner großen Reformationsschriften (An den Adel, 1520) dafür plädiert, dass möglichst alle Jungen und Mädchen – auch diese: das waren neue Töne – Lesen und Schreiben lernen sollten."[132]

---

[130] Kunstmann, Joachim. Religionspädagogik; eine Einführung. Tübingen 2004, S. 100.
[131] Wikipedia; die freie Enzyklopädie Geschichte des Religionsunterrichts: URL: http://de.wikipedia.org/wiki/Religionsunterricht_in_Deutschland (Zugang am 27.09.06 um 12.15Uhr)
[132] Kunstmann, Joachim. Religionspädagogik; eine Einführung. Tübingen 2004, S. 100.

Bis ins späte 19. Jahrhundert hatte die Kirche weiterhin die Aufsicht über die Schulen, was sich vor allem darin zeigte, „dass die meisten Lehrer Pfarrer oder Küster waren."[133]

„Nach dem Zusammenbruch des Kaiserreiches waren die Kirchen in einer prekären Situation: Mit dem Sturz der Landesherren wurden ihre traditionellen Ordnungen aufgelöst – die bis dahin selbstverständliche Einheit von Thron und Altar und die wirtschaftliche Grundlage fehlte. So bestand nahezu die Hälfte des Finanzbedarfes der ev. Landeskirche in Preußen noch 1918 aus staatlichen Zuschüssen. Nach der Novemberrevolution und der Ausrufung der Republik (9. November 1918) war es grundsätzlich fraglich, ob Religionsgemeinschaften überhaupt noch öffentliche Mittel zur Verfügung gestellt werden sollten.

Bei der Neuordnung staatlicher Strukturen waren zentrumsnahe Positionen - die loyale Trennung von Staat und Kirche - und Positionen der SPD (1890 Parteitag in Halle) - Religion ist "Privatsache" und radikale Trennung von Staat und Kirche - im Widerstreit."[134]

Heute ist der Religionsunterricht in jeder Klassenstufe Bestandteil des Stundenplans. In den meisten Bundesländern wird er zweistündig erteilt. Die SchülerInnen haben aber auch die Möglichkeit, alternativ das Fach Ethik zu wählen, was ebenfalls regelmäßig angeboten wird. „Bereits 1905 forderte die Bremer Lehrerschaft in einer Denkschrift die Abschaffung des RU und die Einrichtung eines allgemeinen Sittenunterrichts (d.h. von Ethik) für alle Schüler. Ethik wird als eigenständiges Fach immer mehr geschätzt, auch von den Kirchen."[135]

Die heutige Rolle des Religionsunterrichts und dessen Rahmenbedingungen sind im Grundgesetz festgelegt und in Artikel 7 folgendermaßen formuliert:

---

[133] Kunstmann, Joachim. Religionspädagogik; eine Einführung. Tübingen 2004, S. 100.
[134] Wikipedia; die freie Enzyklopädie Geschichte des Religionsunterrichts: URL: http://de.wikipedia.org/wiki/Religionsunterricht_in_Deutschland (Zugang am 27.09.06 um 12.15Uhr)
[135] Kunstmann, Joachim. Religionspädagogik; eine Einführung. Tübingen 2004, S. 101.

(1) Das gesamte Schulwesen steht unter der Aufsicht des Staates.
(2) Die Erziehungsberechtigten haben das Recht, über die Teilnahme des Kindes am Religionsunterricht zu bestimmen.
(3) Der Religionsunterricht ist in den öffentlichen Schulen mit Ausnahme der bekenntnisfreien Schulen ordentliches Lehrfach. Unbeschadet des staatlichen Aufsichtsrechtes wird der Religionsunterricht in Übereinstimmung mit den Grundsätzen der Religionsgemeinschaften erteilt. Kein Lehrer darf gegen seinen Willen verpflichtet werden, Religionsunterricht zu erteilen.
(4) Das Recht zur Errichtung privater Schulen wird gewährleistet. (…)
Durch dieses Gesetz sind die Schulen in der Bundesrepublik Deutschland verpflichtet, den Religionsunterricht für jede Klassenstufe anzubieten. Es muss gewährleistet sein, dass jeder Schüler, der an diesem Fach teilnehmen möchte, auch die Möglichkeit dazu hat. Für die SchülerInnnen hingegen ist die Teilnahme jedoch nicht verpflichtend, sobald dies die SchülerInnen selbst entscheiden dürfen (im Alter von 14 Jahren, vorher aber auch schon durch ihre Eltern). Als „ordentliches Lehrfach" ist der Religionsunterricht auch ausschlaggebend für die Versetzung eines Schülers bzw. einer Schülerin. Wird auf dem Zeugnis bei dem Fach Religion die Note 6 vermerkt, so muss der/die jeweilige SchülerIn theoretisch die Klassenstufe wiederholen. In den Bundesländern Berlin, Bremen und Brandenburg gelten besondere Regelungen, die hier jedoch nicht von Relevanz sind.

3.1 Religion und Medien:

Wie in Kapitel 2.3 schon aufgezeigt wurde, steht die Geschichte der Medienpädagogik auch in engem Zusammenhang mit der Auseinandersetzung zwischen der Kirche und den Medien. In diesem Kapitel wird jedoch ausführlicher auf dieses Thema eingegangen. „Dass Medien viel mehr mit Religion zu tun haben, als es zunächst scheinen mag, ist in der wissenschaftlichen Forschung und Diskussion der vergangenen Jahre überdeutlich geworden. In (post-)modernen Gesellschaften haben die Medien vielfach Funktionen übernommen, die traditionell die Religion innehatte; sie transportieren Inhalte, die häufig strukturelle Ähnlichkeiten mit religiösen Mythen, Ritualen und Symbolen aufweisen oder direkt auf solche zurückgreifen. Dieser Befund legt es nahe, aus pädagogischer Sicht mit einer „religiösen Mediensozialisation" heutiger Kinder und Jugendlicher zu rechnen, welche eine gemeinsame Herausforderung für Medienpädagogik und Religionspädagogik beschreibt."[136]

Während des Verlaufs der Geschichte „wurde die christliche Botschaft jeweils mit den Medien und in den Kommunikationsformen verbreitet, die vorhanden waren. Die Gemeindebriefe des Apostels Paulus, die Architektur der konstantinischen Basiliken, der späteren Klosterkirchen und Dome, die bildlichen Darstellungen an den mittelalterlichen Kirchenwänden (als Armenbibel für Leseunkundige), die handgeschriebenen Bibeln und Liturgiebücher auf Pergament – das sind nur einige Beispiele für kirchliche Medien und Kommunikationsformen vor der Erfindung des Buchdrucks (1455)."[137] Seit dieser Zeit existiert nicht nur die Geschichte „unserer heutigen technischen Medien, sondern auch

---

[136] Pirner, Manfred L.: Breuer, Thomas: Medien – Bildung – Religion. Zum Verhältnis von Medienpädagogik und Religionspädagogik in Theorie, Empirie und Praxis. Zusammenfassung letzte Seite, Einband.
[137] Funiok, Rüdiger: *Kirche und Medien*. In: Grundbegriffe Medienpädagogik. München 2005, S 203.

die einer wachsenden nichtkirchlichen Öffentlichkeit mit neuartigen, profanen Themen."[138] Die unmittelbare Reaktion von Papst Innozenz VIII. (1485) auf diese Entwicklung war, dass er „die Zensur und die Pflicht zum Einholen der Druckerlaubnis (Imprimatur) einführte."[139] Martin Luther hingegen stand der Erfindung des Buchdrucks sehr positiv gegenüber und die unkomplizierte Vervielfachung seiner Übersetzung der Bibel wurde dadurch ermöglicht. Somit war dies für das Vorangehen der Reformation grundlegend. So war der Umgang mit Medien schon im frühen Mittelalter ein sehr wichtiges Thema für die Entwicklung der Kirche.

„Die Schwierigkeiten der Kirche, mit ‚neuen' medialen Kommunikationsformen seit der Erfindung des Buchdrucks umzugehen und die traditionell kirchlichen Inhalte dort unterzubringen (intentionale Perspektive), zeigen, dass Inhalte primär normativ vorgegeben und nicht in ihrer Abhängigkeit von menschlichen Wahrnehmungs- und Kommunikationsprozessen gesehen werden [...] Bis heute hat die Kirche das Problem einer zerbrochenen Öffentlichkeit nicht verarbeitet: die Trennung in weltlich und kirchlich; die Liberalisierung und Demokratisierung; die Trennung von Verkündigung und Information."[140] Die Französische Revolution legte den Grundstein der Freiheitsbewegung der Menschen und sorgte für die Meinungsfreiheit aller Bürger als Menschenrecht. Somit wurden die Voraussetzungen für einen „Willensbildungsprozess in Staat, Recht, Kunst und Kultur"[141] geschaffen. Papst Pius VI. wehrte sich (1791) gegen diese Meinungs- und Gewissensfreiheit, konnte sich jedoch nicht durchsetzen. „Erst ab

---

[138] Funiok, Rüdiger: *Kirche und Medien*. In: Grundbegriffe Medienpädagogik. München 2005, S 203.
[139] Funiok, Rüdiger: *Kirche und Medien*. In: Grundbegriffe Medienpädagogik. München 2005, S 203.
[140] Hoffmann, Bernward: Medienpädagogik im kirchlichen Feld: Entwicklungen, Konturen, Probleme, Perspektiven. München 1993, S. 53.
[141] Funiok, Rüdiger: *Kirche und Medien*. In: Grundbegriffe Medienpädagogik. München 2005, S 203.

1830 setzte sich die Verurteilung der Gewissensfreiheit und des Liberalismus durch. Das blieb so bis in die Mitte des 20. Jahrhunderts."[142] Man kann bis zu diesem Zeitpunkt (bis 1933) folgende „Grundmotive kirchlicher Positionen gegenüber Medien differenzieren:

1. Rückgewinnung von öffentlichem Einfluss als Sicherung einer Machtstellung und als Missionierungsstrategie.
2. Bewahren – nicht nur vor ‚sittlich gefährdenden' Inhalten, sondern auch vor unbekannten Besonderheiten neuer medialer Kommunikationsformen.
3. Pädagogische Vereinbarung medialer Formen zu (a) größerer Anschaulichkeit, (b) emotionaler Ansprache in traditionellen didaktischen Vermittlungskontexten.
4. Adaptionsversuche neuer massenmedialer Bildungs-, Erziehungs- und Verkündigungswege."[143]

Die meisten kirchlichen Medienstellen[144] entstanden nach dem Zweiten Vatikanischen Konzil, indem sich die Kirche der modernen Welt mehr öffnete und die neuen Medienformen akzeptierte. Papst Paul VI. veröffentlichte im Jahre 1971 „Communio et Progressio", die „Pastoralinstruktion der sozialen Kommunikation". Diese wurde schließlich 1991 überarbeitet. Dr. Hermann Josef Spital, Bischof von Trier, schreibt in seinem Geleitwort zur zweiten Auflage, dass dieser Text „während der kurzen Zeitspanne, in der dieser existiert, bereits Geschichte gemacht hat: Er ist zu einer Berufungsinstanz und zu einem Basistext für alle geworden, die als Christen im Bereich sozialer

---

[142] Funiok, Rüdiger: Kirche und Medien. In: Grundbegriffe Medienpädagogik. München 2005, S 203.
[143] Hoffmann, Bernward: Medienpädagogik im kirchlichen Feld: Entwicklungen, Konturen, Probleme, Perspektiven. München 1993, S. 54.
[144] Wörther, M.: Kirchliche Medienkompetenz aus katholischer Sicht. In: Medien – Bildung – Religion. Pirner, Manfred/L.: Breuer, T. (Hg.):München 2004, S. 78.

Kommunikation arbeiten. Man hat ihn daher mitunter als ‚Magna Charta' der sozialen Kommunikation bezeichnet."[145]

Ein treffendes, zusammenfassendes Zitat hierzu kommt von Manfred L. Pirner: „Die Medien haben in den hoch industrialisierten Gesellschaften erstens vielfache *Funktionen* der traditionellen Religionen übernommen, sie weisen zweitens *Strukturen* auf, die sich in deutlicher Parallelität zu religiösen Phänomenen beschreiben lassen und sie transportieren häufig *Inhalte, Bilder und Symbole,* die aus dem Fundus der Religionen entnommen sind oder zumindest ebenso in den Religionen eine wichtige Rolle spielen."[146]

3.2 Medienpädagogik im Religionsunterricht:

Die Frage, in wieweit sich der Religionsunterricht der einzelnen Medien bedienen sollte, ist eine häufig diskutierte und äußerst aktuelle Themenstellung. Der Religionsunterricht hat sich vor allem seit den 1980er und 1990er Jahren einem kompletten Wandel unterzogen. „Es lässt sich eine Verschiebung von der Mediendidaktik (im Sinne des Einsatzes von Unterrichtsmedien zum Erreichen bestimmter Lernziele) zur Medienpädagogik (im Sinne der Einbeziehung und didaktischen Bearbeitung von Alltagsmedien bzw. von Medienerfahrungen der SchülerInnen) feststellen."[147] Manfred Pirner beschreibt daraufhin die Meinung verschiedener Personen, die sich mit diesem Thema auseinandergesetzt haben. Die bedeutendste Aussage, die ich hier

---

[145] Communio et Progressio. Päpstliche Kommission für die Instrumente der sozialen Kommunikation. Veröff. i.A. des II. Vatikanischen Konzils. Trier, 1991, S.5.

[146] Pirner, Manfred L.: Medienpädagogik und ethisch-religiöse Bildung; URL: http://wwwuser.gwdg.de/~theo-web/Theo-Web/Wissenschaft%2003-1%20Texte/ Microsoft%20Word%20-%20Pirner.pdf#search=%22Medienp%C3%A4dagogik%20im%20Religionsunterricht%22 (Zugang am 27.09.06 um 14.42 Uhr)

[147] Pirner, Manfred L.: *Einführung: Medienbildung als religionspädagogische Notwendigkeit.* In: Medien – Bildung – Religion. Pirner, Manfred/L.: Breuer, T. (Hg.): München 2004, S. 11.

erwähnen möchte, ist die Äußerung von Wolfgang Fleckenstein, einem katholischen Religionspädagogen: „Im Kern geht es ihm um die Wahrnehmung des religiösen Lernorts ‚Öffentlichkeit', der in hohem Maße von den Massenmedien geprägt sei, und der das religionsunterrichtliche Lernen der SchülerInnen mit vorstrukturiere. Der RU könne sich daher gar nicht von der allgemeinen Medienentwicklung abschotten oder dieser durch Medienabstinenz gegensteuern. Er dürfe vielmehr ‚mediale Vermittlungszugänge' nicht vernachlässigen (Fleckenstein 1994, 48), aber auch nicht bei der einer ‚vorschnellen Verzweckung oder einseitigen Intentionalisierung' der Medien landen (49), sondern müsse diese in ihrem kommunikativen Eigenwert achten."[148] Außerdem beklagt Fleckenstein die unzureichende Medienforschung im religionspädagogischen Bereich. Dies musste ich auch bei der Suche nach relevanter Literatur für diese wissenschaftliche Hausarbeit feststellen.

„Ein bedeutendes Anliegen der Medienpädagogik im Religionsunterricht ist „der Ausweg aus der massenmedialen Einbahnstraßenkommunikation."[149] Die Menschen müssen nämlich lernen, dass „Medien nicht nur konsumiert werden können"[150], sondern auch Hilfen und Anlässe zur Kommunikation sind. Die medienkundliche Grundbildung erfolgt durch Gespräche, in denen „Medien analysiert werden oder auf dem Hintergrund einer mehr oder minder ausgesprochenen Medienanalyse diskutiert werden."[151] Da das Medienangebot immer mehr zunimmt und unsere Gesellschaft prägt, müssen die Medien „Gegenstand und Thema des Bildungsprozesses sein. Dies gilt

---

[148] Pirner, Manfred L.: *Einführung: Medienbildung als religionspädagogische Notwendigkeit.* In: Medien – Bildung – Religion. Pirner, Manfred/L.: Breuer, T. (Hg.): München 2004, S. 13.
[149] Henning, Karsten; Steib, Rainer: Leitfaden Medienarbeit. Erfahrungsorientierte Medienpraxis für Religionsunterricht und Bildungsarbeit. München 1997, S. 54.
[150] Henning, Karsten; Steib, Rainer: Leitfaden Medienarbeit. Erfahrungsorientierte Medienpraxis für Religionsunterricht und Bildungsarbeit. München 1997, S. 54.
[151] Henning, Karsten; Steib, Rainer: Leitfaden Medienarbeit. Erfahrungsorientierte Medienpraxis für Religionsunterricht und Bildungsarbeit. München 1997, S. 54.

insbesondere für kirchlich-religiöse Bildungsprozesse – denn die Lebenswelt der Menschen muss ein Hauptthema jeglicher kirchlichen (Bildungs-)Arbeit sein."[152]

Manfred L. Pirner ist der Meinung, dass es „in der konkreten religionspädagogischen Arbeit um vertieftes (verlangsamtes) Wahrnehmen von Medien und Medienprodukten geht (auch ihrer religiösen Aspekte und deren Herkunft), um ein besseres Verstehen ihrer kulturellen (z. T. religiösen) Funktionen und ein aktiv-kreatives Verarbeiten und eigenes Gestalten ihrer Formen und Inhalte, bei dem die christliche Tradition mit ‚ins kritisch - konstruktive Spiel' kommt (z.B. Mischungen von biblischen und Medien - Geschichten, ‚Mediodrama', mediale Bearbeitungen von religiösen Themen)."[153] Ein ganz besonderes Anliegen von Manfred L. Pirner ist die Tatsache, dass es „in religiöser Bildung und Erziehung mit und außer der Beschäftigung mit Medien immer auch positive Alternativen zum Medienkonsum deutlich werden (v. a. für das Bedürfnis nach Lebensintensität, Identitätsfindung, Sinn- und Wertorientierung)."[154]

Diesbezüglich ist es unabwendbar, dass der Einsatz von Medien mit Grundwissen fundiert sein muss. So müssen im Umgang mit Medien bestimmte Dinge gelernt werden und es soll auch transparent damit umgegangen werden, sodass es für die Lernenden verständlich ist, warum man welche Medien benutzt. Man sollte bei der Auswahl der Medien für den Religionsunterricht zwei wichtige Kriterien beachten, wie Günther Staudigl in seinem Aufsatz unterstreicht: „Es ist zu fragen, ob sie einen Inhalt sachgemäß präsentieren bzw. mit den Zielsetzungen des Unterrichts vereinbar sind? Es ist außerdem zu fragen, ob sie

---

[152] Henning, Karsten; Steib, Rainer: Leitfaden Medienarbeit. Erfahrungsorientierte Medienpraxis für Religionsunterricht und Bildungsarbeit. München 1997, S. 54.
[153] Pirner, Manfred L.: *Einführung: Medienbildung als religionspädagogische Notwendigkeit*. In: Medien – Bildung – Religion. Pirner, Manfred/L.: Breuer, T. (Hg.): München 2004, S. 21.
[154] Pirner, Manfred L.: *Einführung: Medienbildung als religionspädagogische Notwendigkeit*. In: Medien – Bildung – Religion. Pirner, Manfred/L.: Breuer, T. (Hg.): München 2004, S. 21.

adressatengemäß sind, d.h. in der Schule schülergemäß sind. Wo der Denk- und Sprachhorizont des Mediums z.b. eines Tonfilms über dem Denk- und Sprachhorizont der SchülerInnen liegt, kann sich der Schüler mit seinen Erfahrungen in diesem Medium nicht wieder finden. Die im Medium präsentierte Erfahrung z.B. Welterfahrung muss als eigene Lebensmöglichkeit bzw. Verhaltensmöglichkeit verstehbar werden."[155] Nach Gerhard Tulodziecki ist das Bildungsziel für den Medienbereich, „dass Kinder und Jugendliche Kenntnisse und Einsichten, Fähigkeiten und Fertigkeiten erwerben sollen, die ihnen sachgerechtes und selbstbestimmtes, kreatives und sozialverantwortliches Handeln in einer von Medien stark beeinflussten Welt ermöglichen."[156] Bernward Hoffmann stellt in seinem Aufsatz ‚Medien und religiöses Lernen' (Kat. Bl.) drei Forderungen bezüglich der Zusammenarbeit der Medienpädagogik mit dem Unterricht auf: „Medienpädagogik soll kein Schulfach werden, sondern sollte fast alle traditionellen Schulfächer durchziehen, auch den Religionsunterricht [...] Wenn gegenüber Bildern und Symbolen von der Notwendigkeit einer ‚Sehschule' gesprochen wird, dann muss das medienpädagogisch ausgeweitet werden. Das Nachdenken über mediale Prägungen könnte Symboldidaktik vor irrationalen Wundererwartungen bewahren helfen."[157] Als dritten und letzten Aspekt erwähnt er die Wichtigkeit, die Botschaft des Evangeliums in Wort und Tat zu vermitteln. „Um deren Wirksamkeit willen sollte sie Erkenntnisse der Kommunikationswissenschaft weit stärker berücksichtigen (ohne dass damit der Glaube außer Kraft tritt, dass der Geist Gottes weht, wo er will)."[158]

---

[155] Staudigl, Günther: Medien; In: Weidmann Fritz (Hg.): Didaktik des Religionsunterrichts. Donauwörth 1997, S. 228.
[156] Tulodziecki, G.: *Mögliche Felder der Zusammenarbeit zw. Medienpädagogik und Religionspädagogik aus medienpädagogischer Sicht.* In: Medien – Bildung – Religion. Pirner, Manfred L./Breuer, Thomas (Hg). München 2004, S. 30.
[157] Hoffmann, Bernward: Medien und religiöses Lernen. Ein medienpädagogischer Rundblick für ReligionspägagogInnen. In: KatBl 116 (1991), S. 473.
[158] Hoffmann, Bernward: Medien und religiöses Lernen. Ein medienpädagogischer Rundblick für ReligionspägagogInnen. In: KatBl 116 (1991), S. 473.

Besonders zu beachten ist bei der Arbeit mit Medien, dass sie meistens einen Mehrwert transportieren.[159] Dies bedeutet, dass mehr beim Benutzer ankommt, als man eigentlich beabsichtigt. Sie geben „mehr Themen, mehr Formen, mehr Assoziationen, mehr Emotionen"[160] weiter, als im Unterricht gebraucht wird. Neben diesen Dingen, wirken sie auf einzelne Individuen unterschiedlich ein. Daraus folgt, dass man bei der Unterrichtsplanung an „gewisse Grenzen stößt."[161] Bei der Planung des Unterrichts kommt nun die Schwierigkeit hinzu, dass das Medium eine zentrale Bedeutung einnimmt und man sich daran gewöhnen muss, „vom Medium her zu denken."[162] Das Medium gewinnt an Gewicht und wird bedeutender als bisher: „Die Grobplanung des Unterrichts dient als Grundlage der Medienrecherche."[163] Dies bedeutet, dass eine Lehrerin bzw. ein Lehrer das Medium zuerst anschauen und analysieren wird hinsichtlich der Frage, was es anbietet und leistet. Vor diesem Hintergrund wird der Unterricht schließlich geplant oder aber das Medium wird verworfen. Die Lernziele dürfen jedoch nicht die „innere Dynamik eines Mediums und schon gar die Dynamik eines gelingenden Kommunikationsprozesses"[164] bremsen. „Die konkrete Frage heißt daher nicht: Was gibt das Medium für meine Lernziele her? Sie heißt vielmehr: Was gibt das Medium zu seinen Themen her?"[165]

Franz-Xaver Kaufmann benennt die religionsähnlichen Funktionen der Medien durch folgende Stichpunkte: „1) Affektbindung, Angstbewältigung

---

[159] Henning, Karsten; Steib, Rainer: Leitfaden Medienarbeit. Erfahrungsorientierte Medienpraxis für Religionsunterricht und Bildungsarbeit. München 1997, S. 55.
[160] Henning, Karsten; Steib, Rainer: Leitfaden Medienarbeit. Erfahrungsorientierte Medienpraxis für Religionsunterricht und Bildungsarbeit. München 1997, S. 55.
[161] Henning, Karsten; Steib, Rainer: Leitfaden Medienarbeit. Erfahrungsorientierte Medienpraxis für Religionsunterricht und Bildungsarbeit. München 1997, S. 56.
[162] Henning, Karsten; Steib, Rainer: Leitfaden Medienarbeit. Erfahrungsorientierte Medienpraxis für Religionsunterricht und Bildungsarbeit. München 1997, S. 56.
[163] Henning, Karsten; Steib, Rainer: Leitfaden Medienarbeit. Erfahrungsorientierte Medienpraxis für Religionsunterricht und Bildungsarbeit. München 1997, S. 56.
[164] Henning, Karsten; Steib, Rainer: Leitfaden Medienarbeit. Erfahrungsorientierte Medienpraxis für Religionsunterricht und Bildungsarbeit. München 1997, S. 56.
[165] Henning, Karsten; Steib, Rainer: Leitfaden Medienarbeit. Erfahrungsorientierte Medienpraxis für Religionsunterricht und Bildungsarbeit. München 1997, S. 56.

und Identitätsfindung, 2) Handlungsführung im Außeralltäglichen, 3) Verarbeitung von Kontingenzerfahrungen, 4) Legitimierung von Gemeinschaft, 5) Sinn und Ordnung garantierende Weltdeutung und 6) Distanzierungsmöglichkeit gegenüber gegebenen, als ungerecht oder unmoralisch erfahrenen Sozialverhältnissen."[166] Für ihn decken die Medien einen großen Bereich der Lebensumwelt und Bedürfnisse der Rezipienten ab. Er lässt den Medien in jeder Disziplin eine große Bedeutung zukommen und sieht in ihrer Bedeutung eine große Ähnlichkeit mit der Religion.

Da die Schülerinnen und Schüler unterschiedliche Lebenserfahrungen und -geschichten haben, muss das Curriculum immer wieder an bestimmten Stellen zurücktreten, da die Kommunikation und der Austausch der SchülerInnen Vorrang haben. „Wichtiger z.B. als die Kenntnis und Interpretation der einschlägigen Bibelstellen, die die Messianität Jesus erläutern, sind persönliche Erfahrungen der Rettung und die Möglichkeit ihrer Deutung auf Jesu hin. Natürlich braucht das eine das andere nicht auszuschließen. Auch Wissensvermittlung und kognitives Lernen haben in der religiösen Bildung ihren notwendigen Platz."[167]

Des Weiteren schreiben Karsten Henning und Rainer Staib in ihrem Buch „Leitfaden Medienarbeit" über Medien, „dass sie Interaktionen vermitteln, zwischen Menschen, Ideen, Bildern Informationen. Sie fassen die Funktionen der Medien mit Hilfe von Matthias Wörthers Buch „In der Schule der Medien" folgendermaßen zusammen:

„1. Die Medien bilden zentrale Schnittstellen zwischen dem einzelnen und der Gesellschaft mit ihren Traditionen, ihrem Wissensstand, ihren Regeln, ihren Werten.

---

[166] Kaufmann, Franz-Xaver: Religion und Modernität. Tübingen 1989, S. 84f.
[167] Henning, Karsten; Steib, Rainer: Leitfaden Medienarbeit. Erfahrungsorientierte Medienpraxis für Religionsunterricht und Bildungsarbeit. München 1997, S. 57.

2. Die Medien bilden Schnittstellen zwischen den Fragen an das Leben und den >>Sinnspeichern<< Kultur und Wissenschaft, zwischen meinen persönlichen Erfahrungen und den Erfahrungen der anderen.

3. Medien sind mehr als die Summer ihrer Teile. Sie enthalten mehr, als man wahrnimmt: sie enthalten eigenen Überschuss an Sinn - auch dann, wenn sie mir in einem bestimmten Licht als trivial erscheinen.

4. Medien bilden nicht authentisch ab. Sie entwerfen und konstruieren symbolische Wirklichkeiten. Sie stiften neuen Sinn, der ohne die Medien nicht existiert.

5. Medien sind Garanten einer übergreifenden Ordnung. Der ungeheure Zeichenvorrat an Bildern und Themen, das Neben- und Gegeneinander verschiedener Kulturen, der Supermarkt von Sinnangeboten ist Ausdruck der fragmentierten Welt. Zusammenhänge sind kaum zu erkennen und herzustellen. Sind es früher soziale und religiöse Identifikations- und Integrationsangebote gewesen, die ordnend Orientierung gaben, so sind es heute vor allem die Medien, die diese Funktion ausfüllen.

6. Die narrative Funktion der Medien hebt Peter Kottlorz hervor, wenn er sagt: „Angesichts der Verwissenschaftlichung und des Expertentums unserer Gesellschaft wurde das Fernsehen zum Weltendeuter und Geschichtenerzähler der Moderne [...]

7. Medien zeigen sich - wenn man so will - als postmoderne Nachfolger von Religion. Medien bekommen - beispielsweise in Form von Werbung (die oft auf den ersten Blick nicht als solche erkennbar ist und Formen des Kurzfilms oder des Videoclips wählen) - den >>touch<< grenzüberschreitender, transzendenter Wirklichkeiten."[168]

---

[168] Henning, Karsten; Steib, Rainer: Leitfaden Medienarbeit. Erfahrungsorientierte Medienpraxis für Religionsunterricht und Bildungsarbeit. München 1997, S. 41.

4. Forschungsstudie Kinder und Medien

4.1 Überblick über die Mediennutzung bei Grundschulkindern: Vergleich 1999 - 2005

Bei meinen Nachforschungen zu diesem Thema musste ich feststellen, dass es sehr wenige Statistiken bzw. Untersuchungen bezüglich der Mediennutzung von Kindern gibt. Es existiert allerdings ausführliches statistisches Material zur Mediennutzung Jugendlicher ab dem Alter von 14 Jahren. Für die Altersgruppe der GrundschülerInnen liegt aus dem Jahre 1990 eine ausführliche Dokumentation vor (Media Perspektiven „Kinder und Medien 1990").

Des Weiteren gibt es seit 1999 ausführliche Studien der Mediennutzung von Kindern durch den Medienpädagogischen Forschungsverbund Südwest. Außerdem gibt es unterschiedliche Phasen in den internationalen Medienuntersuchungen. „In der Frühgeschichte der Kinder – Medien – Forschung werden (zwischen 1917 und 1953) die reinen Mediennutzungsgewohnheiten der Kinder vor allem beim Kinobesuch, beim Radiohören und beim Comic- und Bücherlesen untersucht; zwischen 1948 und 1959 beschäftigen sich fast alle Studien mit dem Fernsehen und dem Kind als passivem Zuschauer. Kinder werden mehr oder weniger als willenlose Empfänger verschiedener Botschaften gesehen. Zwischen 1960 und 1969 ist das Thema der Forschung besonders das Verhalten als Folge von Medien- und besonders Fernsehkonsum [...] Im Zeitraum zwischen 1970 und 1979 wird dann auch konzediert, dass ein Kind aktiv teilnimmt am Kommunikationsprozess und eben auch am Kommunikationsprozess im Zusammenhang mit dem Medienkonsum."[169] Im Rahmen dieser

---

[169] Klingler, Walter; Schönenberg, Karen (Hrsg.): Hören, Lesen, Fernsehen – und sie spielen trotzdem. In: Medienforschung Südwestfunk, Band 2. Baden-Baden, 1996.

wissenschaftlichen Hausarbeit sind die aktuelleren Studien von 1999 und 2005 von Wichtigkeit, die in Deutschland durchgeführt wurden. Da diese sich auf den Religionsunterricht in der Bundesrepublik und die Mediennutzung der Grundschulkinder dieses Landes bezieht, sind internationale Studien hier nicht relevant.

„In unserer Mediengesellschaft nimmt die Dominanz der Medien durch immer neue Technologieschübe weiter zu. Umso mehr steigt die Verantwortung für die jüngsten Mitglieder unserer Gesellschaft, die dem expandierenden Medienbetrieb oft hilflos ausgeliefert sind: ‚Die Medienkinder.'[170] Wenn dies bereits Anfang der 90er Jahre galt, so ist die Verantwortung Ende der 90er Jahre angesichts zunehmender Angebote und technischer Veränderungen zweifellos noch größer geworden, hat sich die Medienentwicklung in diesen zehn Jahren doch eher beschleunigt als verlangsamt. Und wenn damals schon galt, dass Untersuchungen über das Medienverhalten von Kindern gerade in Zeiten rascher gesellschaftlicher und technischer Veränderungen von besonderer Relevanz sind, so gilt dies heute mit Sicherheit umso mehr. Wie gehen Kinder aktuell mit den Medien um, mit welchen Fragen wird die Gesellschaft hier (neu) konfrontiert? Im Folgenden sollen Basisdaten zu diesem Thema dokumentiert werden, die auf den Ergebnissen einer Studie basieren, die im Auftrag des Medienpädagogischen Forschungsverbundes Südwest – eine Forschungskooperation zwischen der Landesanstalt für Kommunikation Baden-Württemberg, der Landeszentrale für private Rundfunkveranstalter Rheinland-Pfalz und dem Südwestrundfunk – durchgeführt wurde."[171]

---

[170] vgl. Klingler, W., Groebel, J.: Kinder und Medien 1990. Baden-Baden, Nomos.
[171] Die Studien KIM '99 und KIM '05 stehen konzeptionell in enger Verbindung mit der Untersuchungsreihe „Jugend, Information, (Multi-)Media" (JIM). Gemeinsame Träger dieser Studien sind der Medienpädagogische Forschungsverbund Südwest (LfK, LPR, SWR), die Presse Grosso Stiftung und die Zeitungs-Marketing Gesellschaft in Zusammenarbeit mit der Bundeszentrale für politische Bildung und den Landeszentralen für politische Bildung Baden-Württemberg und Rheinland-Pfalz sowie der Stiftung Lesen. Die Federführung der Studien liegt beim Medienpädagogischen Forschungsverbund Südwest. Zu Ergebnissen vgl. u.a.: Feierabend, S., Klingler, W. (1998): Jugend, Information und (Multi-)Media. Eine Bestandsaufnahme und Trends 1998. In: Rundfunk und Fernsehen, Heft 4, S. 487.

„Bereits seid 1999 untersucht die Studienreihe „KIM – Kinder und Medien" das Medienverhalten der 6 – bis 13 Jährigen in der Bundesrepublik Deutschland [...] bei der Anlage dieser Langzeitstudie sind zwei Besonderheiten charakterisierend: Zum einen wird es durch die Befragung sowohl der Kinder als auch deren Haupterzieher möglich, das familiäre Umfeld, wie beispielsweise die sozioökonomischen Verhältnisse mit einzubeziehen. Dies wäre bei einer Befragung nur der Kinder nicht möglich. Zum anderen ist der Fragenkomplex aufgeteilt in einen stets gleich bleibenden Teil, der die aktuelle Abbildung des Medienumgangs der Kinder ermöglicht, und einen variablen, eher langfristig orientierten Teil, der mit in größeren Zeitintervallen wiederkehrenden Fragen Entwicklungen nachzeichnen und Trends aufzeichnen kann. Diese Verknüpfung von Kontinuität und der Möglichkeit, auf aktuelle Entwicklungen einzugehen, macht die KIM - Studie besonders interessant."[172]

„Grundgesamtheit der Studie „Kinder und Medien 1999" (KIM '99) bilden die rund 7 Mio. deutschsprachigen Kinder im Alter zwischen 6 und 13 Jahren der Bundesrepublik und deren Mütter bzw. Erziehungspersonen. Aus dieser Grundgesamtheit wurde eine repräsentative Stichprobe von 1.058 Zielpersonen im März und April 1999 befragt. Die Befragung bei den Kindern erfolgte mündlich-persönlich, die der Mütter schriftlich."[173]

Für die KIM-Studie von 2005 wiederum bildeten - wie in der Studie von 1999 – die rund 6 Millionen deutschsprachigen Kinder und deren Erziehungsperson die Grundgesamtheit. „Hieraus wurde von Juni bis Juli 2005 eine repräsentative Stichprobe von jeweils 1.203 Zielpersonen untersucht. Dabei erfolgte die Befragung der Kinder mündlich-persönlich, die der Erziehungspersonen bzw. Mütter schriftlich (als primäre Erziehungspersonen sind in der Stichprobe insgesamt nur 19 Väter

---

[172] Forschungsberichte: KIM 2005. Stuttgart, Februar 2006. S.3.
[173] Forschungsberichte: KIM 1999. Baden-Baden, Juli 2000. S.6.

enthalten). Feldarbeit und Datenprüfung lagen beim IFAK - Institut in Taunusstein."[174]

Für das Thema dieser wissenschaftlichen Hausarbeit habe ich die gravierendsten und bedeutendsten Zahlen dieser Studien verglichen und ausgewertet. Des Weiteren habe ich eine bestimmte Auswahl an Medien getroffen und deren Mediennutzung dokumentiert.

4.1.1 Geräteausstattung:

„Kinder wachsen heute in einer von Medien geprägten Welt auf. Dies beginnt bereits in der heimischen Umgebung, in der Medien in einem großen Maße vorhanden sind und damit zum Alltagsbild gehören.

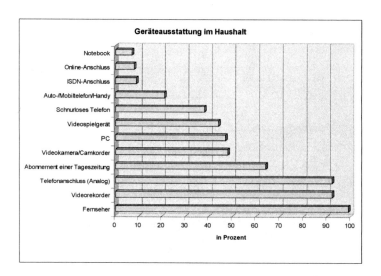

* Quelle: KIM 1999, Seite 55[175]

---

[174] Forschungsberichte: KIM 2005. Stuttgart, Februar 2006. S.3.
[175] Alle Tabellen wurden von mir dem Layout angepasst. Bei denen mit * gekennzeichneten Tabellen wurden nur die für diese wissenschaftliche Arbeit wichtigen Daten übernommen.

"Fernseher, Videorekorder, Telefon und Stereoanlage gehören – nicht nur in Haushalten mit Kindern – heute zum Standardinventar. Ein Tageszeitungsabonnement ist in knapp zwei Dritteln der Haushalte vorhanden. In jedem zweiten Haushalt verfügt der Fernseher über eine Videotextausstattung, gibt es eine Videokamera und/oder einen Computer. In jedem fünften Haushalt ist ein mobiles Telefon vorhanden, weniger weit verbreitet ist mit acht Prozent die technische Voraussetzung für das Surfen im Internet oder das Versenden von E-Mails. Ein Pay-TV-Abonnement, das die Nutzung vieler zusätzlicher digitaler Fernsehprogramme ermöglicht, gibt es in vier Prozent der Haushalte."[176]

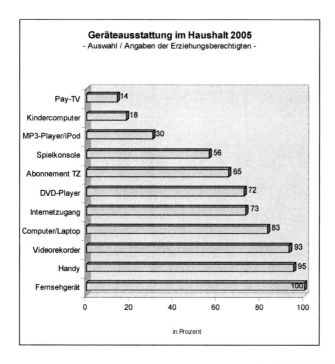

Quelle: KIM 2005, Seite 13

---

[176] Forschungsberichte: KIM 1999. Baden-Baden, Juli 2000. S.55.

Im Vergleich dazu weisen „die Haushalte, in denen Kinder aufwachsen, in der KIM – Studie 2005 eine stark zunehmende Medienausstattung auf. Bei Fernsehgerät, Handy und Videorekorder kann man von einer Vollversorgung ausgehen, Computer stehen in vier von fünf Haushalten zur Verfügung, annähernd drei Viertel der Haushalte haben einen Internetzugang und ebenso viele einen DVD - Player."[177] Diese Medien haben auch den stärksten Zuwachs gegenüber 1999 zu verzeichnen, von 0 auf 72 %. In der Statistik von 1999 tauchten noch keine DVD – Player auf.

Des Weiteren ist die Zahl der Internetanschlüsse in die Höhe geschossen, von 9% (1999) auf 73% (2005). Zwei neu dazugekommene Medien sind der MP3 – Player, der bereits in 30 Prozent der Haushalte vorzufinden ist, und der Kindercomputer. Den Kindercomputer gibt es schon in 18% der befragten Haushalte.

---

[177] Forschungsberichte: KIM 2005. Stuttgart, Februar 2006. S.13.

4.1.2 Themeninteressen:

Ein sehr deutlicher Unterschied zwischen 1999 und 2005 liegt in der Wahl der Themeninteressen. Um die Themeninteressen der 6 - 13 Jährigen festzustellen, wurde ihnen „eine Liste mit 12 vorgegebenen Bereichen, die die Kinder nach der Intensität ihres Interesses am jeweiligen Thema (4er-Skala) beurteilen sollten"[178] vorgelegt.

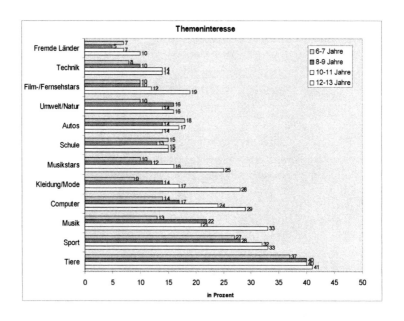

Quelle: KIM 1999, Seite 13

Die Themenbereiche Tiere und Sport zeigen sich vom Alter verhältnismäßig unabhängig. Mit ansteigendem Alter wird jedoch ein aufsteigendes Interesse bei den Bereichen Musik, Computer, Kleidung

---

[178] Forschungsberichte: KIM 1999. Baden-Baden, Juli 2000. S.12.

und Musikstars festgestellt. Im Allgemeinen ist deutlich zu sehen, dass mit dem Alter die Interessenpalette zunimmt. Das Interesse an Tieren ist jedoch am ausgeprägtesten und auch unabhängig von der Alterstufe deutlich dominant. Der größte Unterschied wiederum zeigt sich beim Interesse an Computer/Computerspielen – dieses Medium ist für die jüngeren Befragten von eher geringerer Bedeutung, während es jedoch bei den Älteren einen eher hohen Stellenwert erreicht.

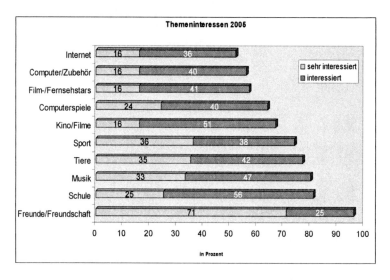

* Quelle: KIM 2005, Seite 9

Alles in allem ist bei diesem Vergleich sehr deutlich anzumerken, dass im Jahre 2005 fünf neue Themenbereiche dazu kamen, zusätzlich zu denen von 1999. Die von den Befragten neu genannten Themenbereiche sind: Freunde/Freundschaft, Kino/Filme, Computer/Zubehör, Bücher/Lesen und das Internet. (Ich habe in dieser wissenschaftlichen Hausarbeit wiederum einige Themen weggelassen, bei denen man keine gravierenden Unterschiede feststellen konnte.)

Im Vergleich zu den Zahlen der Studie von 1999 spielt bei den befragten Kindern das Thema Freunde und Freundschaft die bedeutendste Rolle. Außerdem ist der Themenbereich Schule von Platz 7 auf Platz 2 gestiegen, was die Zukunftsgedanken und Unsicherheiten der Kinder widerspiegelt. Das Thema Musik ist beständig auf dem 3. Platz, wohingegen die Themenbereiche Tiere und Sport etwas an Interesse verloren haben, ebenso auch der Bereich Computer/Computerspiele. Dieser Themenbereich muss gleich 4 Plätze einbüßen und fällt von Platz 4 auf Platz 8. Technik und Autos sind im Jahre 2005 auf die letzten beiden Plätze abgerutscht. Diese sind augenscheinlich für die Befragten in dem letzten Jahr relativ unbedeutend gewesen.

4.1.3 Fernsehen:

In der Studie von 1999 wurden die Kinder gebeten, „anhand von 15 vorgegebenen Fernsehgenres zunächst jeweils die Häufigkeit der Nutzung (jeden Tag/fast jeden Tag, ein- /mehrmals pro Woche, seltener, nie) anzugeben. Je ein Viertel der Kinder gibt an, nahezu täglich Zeichentrickfilme und/oder täglich Serien anzuschauen – erstere werden stärker von den jüngeren, zweitere stärker von den älteren Kindern genannt. Insgesamt fallen die Angaben der Kinder aus den neuen Ländern hier deutlich höher aus. Die Prioritätenliste wird durch Kindersendungen (18 %), Werbung (14 %) und Musiksendungen (10 %) fortgesetzt."[179]

Im Jahre 2005 ist der Fernseher „weiterhin das wichtigste Medium für Kinder. Fast die Hälfte der Kinder besitzt ein eigenes Gerät, 78 Prozent schauen fast täglich fern. Welche Sendungen besonders beliebt sind und welche Sendungen Kinder eher Angst machen, zeigt ein näherer Blick

---

[179] Forschungsberichte: KIM 1999. Baden-Baden, Juli 2000. S.20.

auf den Fernsehalltag der Kinder. 67 Prozent der Kinder, die zumindest selten fernsehen, geben an, dass es eine Sendung gibt, die sie besonders gerne anschauen. Am häufigsten werden hierbei „Gute Zeiten Schlechte Zeiten", Sendungen des Kinderkanals, Sportsendungen, „Sponge Bob", „Verliebt in Berlin" und „Marienhof" genannt [...] Explizite Kindersendungen sind vor allem bei jüngeren Kindern beliebt. So geben 14 Prozent der Sechs – bis Siebenjährigen eine Sendung des Kinderkanals als Lieblingssendung an. „Die Sendung mit der Maus" haben im Jahr 2005 sechs Prozent der Jüngsten als liebste Fernsehsendung angegeben. Das Interesse an diesen speziellen Kinderformaten nimmt mit dem Alter deutlich ab."[180]

4.1.4 Bücher:

„Im Jahre 1999 gaben 15 Prozent an, jeden bzw. fast jeden Tag zu lesen, 40 Prozent lesen mindestens einmal in der Woche in einem Buch, weitere 32 Prozent zumindest selten. Der Anteil der expliziten Nicht-Leser beträgt nach Auskunft der Kinder insgesamt nur 12 Prozent. Nicht-Leser sind etwas stärker unter den Jungen vertreten (14 % vs. 9 %), entsprechend der sich noch auszubildenden Lesefähigkeit stärker bei den jüngsten Kindern (6-7 Jahre: 18 %, 12-13 Jahre: 9 %) als bei den älteren. Die Unterscheidung nach Schultypen zeigt, dass Nicht-Leser bei Hauptschülern dreimal so häufig anzutreffen sind als bei Gymnasiasten (14 % vs. 4 %). Mit welcher Begeisterung lesen Kinder? Hierfür sollten sich all diejenigen, die zumindest selten lesen (n=927), auf einer vierstufigen Skala (lese sehr gerne, gerne, nicht so gerne, gar nicht gerne) selbst einstufen. Mehr als die Hälfte der Kinder gibt an, sehr gerne oder gerne zu lesen, wobei Mädchen etwas stärker „lese sehr gerne" angeben als Jungen. Ein Drittel der Kinder gibt an, nicht so gerne zu

---

[180] Forschungsberichte: KIM 2005. Stuttgart, Februar 2006. S.19.

lesen, 4 Prozent lesen nach eigenen Angaben „gar nicht gerne". Die Freude am Lesen ist über die Altersgruppen hinweg sehr ähnlich verteilt."[181]

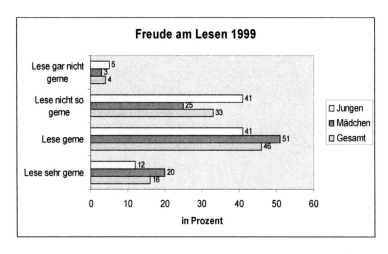

Quelle: KIM 1999, S. 32

Im Vergleich zu den Ergebnissen der Studie des Jahres 2005 ergeben sich keine großen Unterschiede. Das Medium Buch hat immer noch den gleichen Stellenwert wie Jahre zuvor und Lesen ist weiterhin eine beliebte Beschäftigung bei Kindern und Jugendlichen.

---

[181] Forschungsberichte: KIM 1999. Baden-Baden, Juli 2000. S.32.

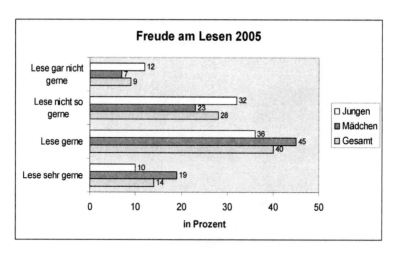

Quelle: KIM 2005, S. 23.

„Auch im Zeitalter multimedialer Unterhaltungsangebote und neuer Mediengeräte wie MP3 – Player haben Bücher nicht ausgedient: 92 Prozent der Kinder lesen zumindest selten ein Buch. Die Beschäftigung mit Büchern ist auch weiterhin beliebt, 54 Prozent der Kinder zwischen sechs und 13 Jahren lesen gerne oder sehr gerne... Interessanterweise geben Kinder, die in einem Haushalt mit Computer aufwachsen, häufiger an, zumindest gerne zu lesen (61%), als Kinder in einem Haushalt ohne Computer (50%)."[182]

---

[182] Forschungsberichte: KIM 2005. Stuttgart, Februar 2006. S. 23.

4.1.5 Computer:

„Rund die Hälfte der befragten Kinder gibt an, zumindest selten einen Computer (in der Freizeit) zu nutzen. Der Anteil der Computer-Nutzer (n=537) ist bei den Jungen etwas höher als bei den Mädchen, hinsichtlich des besuchten Schultyps der Kinder sind Computer-Nutzer bei Gymnasiasten stärker vertreten als bei Hauptschülern. Mit steigendem Alter der Kinder nimmt der Anteil der Computer- Nutzer zu, von 39 Prozent bei den Sechs- bis Siebenjährigen auf 61 Prozent bei den 12- bis 13jährigen."[183]

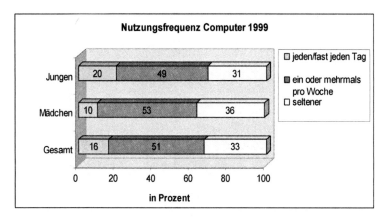

Quelle: KIM 1999, S. 41.

---

[183] Forschungsberichte: KIM 1999. Baden-Baden, Juli 2000. S.40.

Im Vergleich 1999 und 2005 hat sich die Computernutzung innerhalb dieser sechs Jahre verdoppelt. Der gesamte Anteil von 2005 umfasst insgesamt 1.203 Kinder und Jugendliche; 1999 waren es nur 537 Computernutzer.

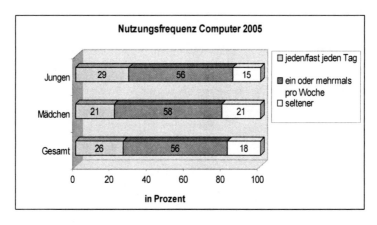

* Quelle: KIM 2005, S. 10.

Diese Studie stellte im Jahr 2005 fest, „dass der Computer bereits in der Kindheit eine große Rolle spielt und in den Alltag dieser Kinder integriert ist. 83 Prozent der Haushalte, in denen Kinder aufwachsen, haben einen Computer oder einen Laptop, zwölf Prozent der Kinder haben bereits ein eigenes Gerät [...] Der Anteil der Kinder, die sich zumindest selten mit einem Computer beschäftigen – hierbei ist sowohl Spielen, Lernen oder Arbeiten gemeint – nimmt seit Jahren stetig zu. 2005 gaben nunmehr dreiviertel (76%) der Kinder an, einen Computer zu nutzen. Bereits bei den Sechs- bis Siebenjährigen sind es über die Hälfte (52%), bei den Zwölf- bis 13- Jährigen nutzen neun von zehn Kindern zumindest selten den Computer [...] Ein Viertel (26%) der Computernutzer sitzt 2005 jeden Tag oder fast jeden Tag am Bildschirm, 56 Prozent nutzen den Rechner ein- oder mehrmals pro Woche und 18 Prozent benutzen seltener einen Computer."[184]

4.1.6 Internetnutzung:

„Das Surfen im Internet gehört (noch) nicht zum Alltag von Kindern. Vier Prozent surfen nach eigenen Angaben häufig, weitere neun Prozent geben an, zumindest selten online zu sein. Damit liegt der Anteil von Kindern mit Internet - Erfahrungen bei 13 Prozent der Computer-Nutzer (was sechs Prozent aller Kinder entspricht). Unter den Computer-Nutzern haben 13 Prozent der Jungen und 11 Prozent der Mädchen nach eigenen Angaben Internet - Erfahrungen, bei den 12- bis 13 Jährigen sogar fast jedes vierte Kind."[185]

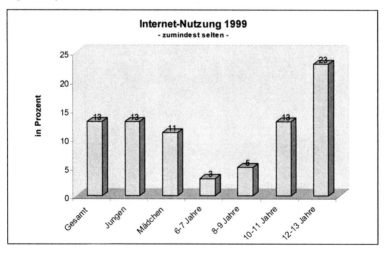

* Quelle: KIM 1999, S. 47.

---

[184] Forschungsberichte: KIM 2005. Stuttgart, Februar 2006. S. 27.
[185] Forschungsberichte: KIM 1999. Baden-Baden, Juli 2000. S.47.

Im Jahre 2005 „steht das Internet aktuell fast drei Viertel (73%) der Haushalte, in denen Kinder aufwachsen, zur Verfügung. Dabei nimmt die Verfügbarkeit mit steigendem Alter der Kinder zu. So besteht für 59 Prozent der Sechs – bis Siebenjährigen die Möglichkeit, zu Hause Internetdienste zu nutzen, bei den Ältesten (12 – 13 Jahre) haben bereits 82 Prozent zumindest theoretisch die Option, von zu Hause aus online zu gehen."[186]

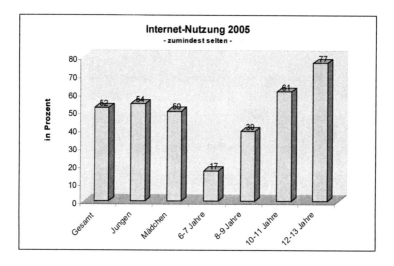

Quelle: KIM 2005, S. 15.

Alles in allem ist zu sagen, dass im Vergleich zu 1999 die Internetnutzung deutlich gestiegen ist, nämlich von 13 Prozent der insgesamt 537 PC – Nutzer auf 68 Prozent der insgesamt 919 PC – Nutzer im Jahr 2005. So wurden leider auch in der Studie von 1999 die Internettätigkeiten nicht differenziert und untersucht, wohingegen in der Studie 2005 genau aufgenommen wurde, welche Tätigkeiten die Kinder im Internet vornehmen. „Die Hälfte der Kinder nutzt regelmäßig

---

[186] Forschungsberichte: KIM 2005. Stuttgart, Februar 2006. S. 39.

Angebote, die speziell für Kinder gemacht wurden, es folgt die Informationssuche für die Schule (47%). An dritter Stelle steht das Senden und Empfangen von E – Mails."[187]

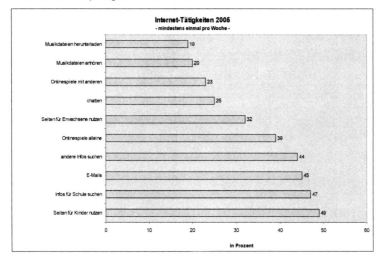

Quelle: KIM 2005, S. 47.

Zusammenfassend ist zu sagen, dass in diesen Studien sehr deutlich wird, wie sehr die Kinder heute das gesamte verfügbare Medienangebot nutzen. Außerdem ist die Entwicklung von 1999 – 2005 sehr signifikant und technologisch fortschreitend zu bewerten. In einigen Bereichen der Studie hat sich nicht viel verändert, wie zum Beispiel in der Nutzung des Fernsehens und der Bücher, in anderen Bereichen jedoch gab es eine extreme Steigerung, wie zum Beispiel bei der Internetnutzung und der Handynutzung der Kinder. Das *Fernsehen* kann nach wie vor als das Leitmedium für Kinder bezeichnet werden. Die tägliche Nutzung wird ab dem Grundschulalter die Regel, die Nutzungsdauer steigt kontinuierlich und liegt ab Mitte des Grundschulalters konstant bei ca. zwei Stunden täglich. Der Computer wird ein wenig später relevant als das Fernsehen,

---

[187] Forschungsberichte: KIM 2005. Stuttgart, Februar 2006. S. 42.

spielt aber bei Grundschulkindern mittlerweile auch schon eine tragende Rolle. Bei den Kindern im Alter von 6 – 13 dient der Computer primär als Spielgerät. Die Computernutzung hat sich innerhalb von sechs Jahren komplett verdoppelt, was daraufhin weist, dass die Kinder im Jahr 2005 das Medium Computer für sich entdeckt haben. Internet und Handy sind ebenfalls auf deutlichem Vormarsch, was die Nutzung durch Kinder betrifft. Im Medienalltag von Kindern im Grundschulalter sind sie bereits sehr präsent. Diese Medien wurden in der Studie des Jahres 1999 überhaupt nicht bzw. minimal erwähnt, haben aber im Jahr 2005 eine sehr hohe Nutzung zu verzeichnen.

4.2 Forschungsstudie über den Medieneinsatz im Unterricht

Der Medienpädagogische Forschungsverbund veröffentlichte im Jahr 2003 eine Studie zum Thema „Medieneinsatz im Unterricht". Es gibt schon einige Studien, die sich mit dem Thema ‚Schule und Medien' auseinandersetzen und diesen Bereich erforschen. Diese beschäftigen sich aber ausschließlich mit der Medienausstattung des Schulgebäudes. „Wenig gibt es bisher zum Medienumgang der LehrerInnen selbst - sei es zu Hause oder im Schulunterricht. Informationen hierüber sind aber wichtige Indikatoren, wie die LehrerInnen mit ihrer Rolle und dem veränderten (Schul-)Alltag ihrer SchülerInnen zurechtkommen. Diese Lücke will der Medienpädagogische Forschungsverbund Südwest mit der vorliegenden Studie ‚LehrerInnen und Medien 2003 - Nutzung, Einstellungen, Perspektiven' schließen."[188]

---

[188] Forschungsberichte: LehrerInnen und Medien. Baden - Baden, Oktober 2003. S. 3.

Hier bilden die Grundgesamtheit der Studie „Lehrerinnen und Lehrer, die an Grund-, Haupt-, Realschulen, Gymnasien und Integrierten Gesamtschulen unterrichten. Aus dieser Grundgesamtheit wurde eine repräsentative Stichprobe von insgesamt 2.002 LehrerInnen befragt, quotiert nach Bundesländern und Schultypen. Die Adressen wurden per Zufall aus den Lehrer - Dateien eines Adressverlages gezogen."[189]
Der Themenbereich, den ich in dieser Arbeit behandle, ist ein Teilbereich dieser kompletten Studie. Der detaillierte Forschungsbericht gliedert sich eigentlich in drei Teile: Im ersten Teil wird dargelegt, ob und wie die befragten LehrerInnen den Medienumgang ihrer SchülerInnen einschätzen. Im zweiten Teil werden die Lehrkräfte hinsichtlich ihres persönlichen Umgangs mit Medien untersucht. Der dritte Teil schließlich beleuchtet den Medieneinsatz der LehrerInnen in den Schulen aktuell und perspektivisch."[190] Der Teilbereich ‚Medieneinsatz im Unterricht' ist eingegliedert in den dritten Teil dieser Forschungsberichte und stellt dar, wie oft LehrerInnen Medien benutzen und in welchem Umfang Medien im Unterricht eingesetzt werden.

Leider ist die Befragung der LehrerInnen nicht mit Unterteilung in die verschiedenen Fächer durchgeführt worden, was meiner Meinung nach ein großes Defizit diese Studie ist. Es wäre nämlich interessant zu wissen, welche LehrerInnen in welchem Fach wie viele Medien einsetzen. Es wäre interessant zu erfahren, ob der Medieneinsatz abhängig vom unterrichteten Fach ist, oder doch eher von den Vorlieben und der Persönlichkeit der Lehrperson. Vielleicht werden wir noch die Möglichkeit bekommen, in den nächsten Jahren mit einer solchen Studie zu arbeiten.

---

[189] Forschungsberichte: LehrerInnen und Medien. Baden - Baden, Oktober 2003. S. 3.
[190] Forschungsberichte: LehrerInnen und Medien. Baden - Baden, Oktober 2003. S. 4.

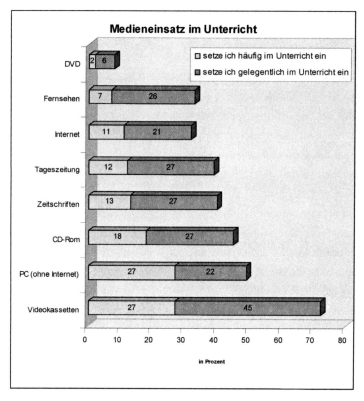

Quelle: Lehrer/-innen und Medien 2003 S.40

Die beiden dominierenden Medien im Unterricht sind eindeutig die Videokassetten und der Computer (ohne Internet). Jede vierte Lehrperson gibt diese Medien an und bezeugt ihnen einen häufigen Einsatz. „Es folgen CD-Rom (18%), Zeitschriften (13%), Tageszeitungen (12%), das Internet (11%) und das Fernsehen (6%). Kaum verbreitet ist derzeit die Nutzung von DVDs im Unterricht. Interessant ist hier, dass vor allem GrundschullehrerInnen eine häufige Computernutzung (36%)

angeben, ähnlich hoch ist auch der Einsatz an Hauptschulen (31%)."[191] Alles in allem wird bei dieser Studie die Existenz der so genannten neuen Medien im Unterricht sehr deutlich.

5. Zusammenhang zwischen Mediennutzung und Religiosität bei Schülerinnen und Schülern

(Ergebnisse einer Studie von Manfred L. Pirner)

Nach den vorangegangenen Erläuterungen und Darlegungen ist es letztendlich unentbehrlich darzustellen, ob und inwieweit es einen Zusammenhang zwischen der Mediennutzung von Grundschulkindern und deren Religiosität gibt. Zu diesem Thema führte Manfred L. Pirner ein Forschungsprojekt durch. Er führte dieses Forschungsprojekt zu Beginn mit Hilfe einer „quantitativ schriftlichen Befragung"[192] durch. „Den theoretischen Hintergrund der Untersuchung bildet in erster Linie die Kultivierungstheorie von George Gerbner (Gerbner 1984; vgl. Schenk 2002, 537ff.), die empiriegestützt davon ausgeht, dass das Fernsehen das Weltbild und Selbstbild der Rezipienten beeinflusst, prägt und formt."[193] Zu dieser Theorie kommen schließlich die Erkenntnisse aus einer Studie hinzu, „welche die aktive Auswahl und Verarbeitung von Medienelementen durch die Nutzer betonen."[194]

Das bedeutendste Ergebnis dieser Studie war, dass „sich keine signifikanten Zusammenhänge zwischen dem zeitlichen Umfang des Medienkonsums und den religiös-weltanschaulichen Einstellungen der

---

[191] Forschungsberichte: LehrerInnen und Medien. Baden - Baden, Oktober 2003. S. 40.
[192] Pirner, Manfred L.: „Religiöse Mediensozialisation?" In: Pirner, Manfred L./Breuer, Thomas (Hg.): Medien – Bildung – Religion. München 2004, S. 155.
[193] Pirner, Manfred L.: „Religiöse Mediensozialisation?" In: Pirner, Manfred L./Breuer, Thomas (Hg.): Medien – Bildung – Religion. München 2004, S. 155.
[194] Pirner, Manfred L.: „Religiöse Mediensozialisation?" In: Pirner, Manfred L./Breuer, Thomas (Hg.): Medien – Bildung – Religion. München 2004, S. 155.

Jugendlichen feststellen ließen, aber es zeigten sich zahlreiche z. T. sehr deutliche Zusammenhänge zwischen den Fernsehpräferenzen der Jugendlichen und ihren religiös - weltanschaulichen Einstellungen."[195] Nachdem festgestellt wurde, dass es geschlechterspezifische Auffälligkeiten bei den Ergebnissen gab, isolierte man die Jungen und Mädchen voneinander und führte daraufhin weitere Befragungen durch. Da Manfred L. Pirner bei seiner Befragung auch auf differenzierte Fragen achtete und auch explizit nach den favorisierten Fernsehsendungen der Probanden fragte, ergab sich in diesem Bereich ein interessantes Ergebnis: „Es gibt auch innerhalb der beiden Geschlechtergruppen signifikante Zusammenhänge zwischen Fernsehpräferenzen und religiösen Einstellungen. Auffällig ist natürlich, dass sich bei den Mädchen ungleich mehr Zusammenhänge nachweisen lassen als bei den Jungen (sechzehn signifikante Zusammenhänge bei den Mädchen stehen ganzen fünf bei den Jungen gegenüber). [196]Dies lässt sich als Hinweis darauf deuten, dass die Fernseherfahrungen für die religiös-weltanschaulichen Ansichten der Mädchen bedeutsamer sind als für die Jungen. Allerdings muss nicht zwangsläufig auf eine leichtere Beeinflussbarkeit der Mädchen durch Fernsehinhalte geschlossen werden; es kann auch sein, dass Mädchen gezielter solche Fernsehinhalte auswählen, die zu ihren religiös - weltanschaulichen Einstellungen passen."[197] Des Weiteren kam man zu dem Ergebnis, „dass die festgestellten Zusammenhänge bei den Mädchen und Jungen durchaus unterschiedliche sind."[198] Bei den Mädchen gab" es die meisten

---

[195] Pirner, Manfred L.: Religiöse Mediensozialisation? Empirische Studien zu Zusammenhängen zwischen Mediennutzung und Religiosität bei SchülerInnen und deren Wahrnehmung durch LehrerInnen. München 2004, S. 71/72.
[196] Pirner, Manfred L.: Religiöse Mediensozialisation? Empirische Studien zu Zusammenhängen zwischen Mediennutzung und Religiosität bei SchülerInnen und deren Wahrnehmung durch LehrerInnen. München 2004, S. 72.
[197] Pirner, Manfred L.: „Religiöse Mediensozialisation?" In: Pirner, Manfred L./Breuer, Thomas (Hg.): Medien – Bildung – Religion. München 2004, S. 157.
[198] Pirner, Manfred L.: Religiöse Mediensozialisation? Empirische Studien zu Zusammenhängen zwischen Mediennutzung und Religiosität bei SchülerInnen und deren Wahrnehmung durch LehrerInnen. München 2004, S. 73.

positiven Zusammenhänge zwischen der Präferenz für solche Fernsehgenres, in denen die Existenz von Übersinnlichem, von Geistern etc. dargestellt wird [...] und dem Glauben an Übersinnliches kann für das Horror-/ Mystery - Genre und teilweise auch für Science Fiktion und Fantasy als empirisch gestützt gelten."
Letztendlich kommt Manfred L. Pirner bei seiner Untersuchung zu dem Ergebnis, dass „Zusammenhänge zwischen Mediennutzung - in diesem Fall: spezifischen Fernsehinteressen - und religiös-weltanschaulichen Einstellungen nachgewiesen werden konnten."[199] Genau festlegen, ob die religiös-weltanschaulichen Einstellungen auf den Konsum verschiedener Fernsehsendungen zurückzuführen sind und auch ob es noch andere bedeutende Einflüsse gibt, die hierbei eine Rolle spielen, konnte man durch diese Studie leider nicht.

---

[199] Pirner, Manfred L.: „Religiöse Mediensozialisation?" In: Pirner, Manfred L./Breuer, Thomas (Hg.): Medien – Bildung – Religion. München 2004, S. 164.

6. Schlussbetrachtung

Durch die Erfindung des Buchdrucks im 15. Jahrhundert ebnete Johannes Gutenberg den Weg für die Massenmedien. Seine Erfindung machte es möglich ein breites Publikum anzusprechen und somit Massen zu begeistern. Was bis zu dieser Zeit nur einigen wenigen Menschen vorbehalten war, entwickelte sich im 18. und 19. Jahrhundert schließlich zum ersten Massenmedium der Geschichte.
Daraufhin kamen Ende des 19. Jahrhunderts und zu Beginn des 20. Jahrhunderts die Medien Kino und Film dazu. Diese vollzogen eine rasante Entwicklung und wurden sehr schnell zu Medien, die heute kaum wegzudenken wären. Ohne das aktive Mitwirken des Menschen wären diese Medien bis heute nicht so bedeutsam geworden. Durch die Massenbegeisterung an diesen Medien entstand in den 1960er Jahren die eigentliche Bewegung der Medienpädagogik. Es gab viele Pädagogen und Andere, die die Befürchtung hatten, dass die Kinder und Jugendlichen durch die Mediennutzung zu sehr beeinflusst werden.
Den wohl bedeutendsten und eindrucksvollsten Entwicklungsgang vollzieht seit Anfang der 1990er Jahre das Medium Computer. In den knapp sechs Jahren, meiner Vergleichsstudien hat dieses Medium mehr Zuwachs zu verzeichnen als jedes andere Medium zuvor.
Wie in der oben analysierten Studie zu erkennen ist, sind in der Alltagswelt der Kindergeneration im Jahre 2006 Medien allgegenwärtig. Diese Kinder und Jugendlichen wachsen in einer total technisierten und medialisierten Umwelt auf. Sie lernen schon im Kindesalter den Umgang mit Medien kennen, da diese so präsent und kaum mehr wegzudenken sind. Jeder Erwachsene um sie herum nutzt täglich Medien und somit wird schon im frühesten Entwicklungsstadium der Kinder die Neugierde geweckt. Jedes Kind realisiert sehr schnell, dass die Medien Spaß,

Spannung und neue Entdeckungen[200] versprechen. In dem kurzen Zeitraum von nur 6 Jahren (1999 - 2005) hat sich die Medienwelt so dramatisch und intensiv verändert, dass dies für die Zukunft jedenfalls auf keinen Fall unterschätzt werden darf. So sollte im Lehrberuf ganz besonderen Wert darauf gelegt werden, dass sich die Lehrpersonen ständig fort- und weiterbilden bezüglich der Medien. „Im Verlauf der Kindheit wird sukzessiv das gesamte Medienensemble angeeignet. Für jede Altersstufe erweitert sich die Palette der Medien, die zugänglich und interessant ist. Eigener Besitz und zunehmender Rückgang elterlicher Kontrolle erhöhen die individuelle Verfügbarkeit und die Selbständigkeit im Umgang mit der Bandbreite der Angebote."[201] Grundschulkinder kennen sich mit den Medien, die heute auf dem Markt angeboten werden, für ihr junges Alter meist schon sehr gut und differenziert aus. Das liegt unter anderem daran, dass sie bis zu ihrer Einschulung die Bandbreite der Medien schon ausreichend kennen lernen konnten.

Überdies muss die Medienpädagogik ein fester Bestandteil der Ausbildung der ErzieherInnen und LehrerInnen werden, sodass diese neben fachlicher Kompetenz auch Medienkompetenz besitzen.

Manfred L. Pirner führte im Herbst 1999 eine Befragung der Religionslehrkräfte durch bezüglich des Themas Mediennutzung und deren Einfluss. Das Fazit, dass er daraus formulierte, kann man meiner Meinung nach nicht besser ausdrücken: „Diese Ergebnisse machen unmissverständlich deutlich, dass medienpädagogische Aspekte stärker in die Ausbildung, aber auch in Fortbildungsveranstaltungen für Religionslehrkräfte integriert werden müssen."[202]

---

[200] Theunert, Helga: *Kinder und Medien*. In: Grundbegriffe Medienpädagogik. München 2005, S. 195.
[201] Theunert, Helga: *Kinder und Medien*. In: Grundbegriffe Medienpädagogik. München 2005, S. 195.
[202] Pirner, Manfred L.: „*Religiöse Mediensozialisation?*" In: Pirner, Manfred L./Breuer, Thomas (Hg.): Medien – Bildung – Religion. München 2004, S. 89.

I. Quellen- und Literaturverzeichnis

I.I Bücher:

Baacke, Dieter: Kommunikation und Kompetenz. Grundlegung einer Didaktik der Kommunikation und ihrer Medien. München 1973.

Breuer, K.D. u.a.: Medienpädagogik als Vermittlung von Handlungskompetenz. In: Hüther, J. u.a. (hg.): Neue Texte Medienpädagogik. München 1979, S. 15 – 34.

‚Communio et Progressio' (CeP) Päpstliche Kommission für die Instrumente der sozialen Kommunikation;. Veröff. i. A. des II. Vatikanischen Konzils. – 2. Auflage. – Trier: Paulinus-Verlag, 1991.

Faulstich, Werner: Einführung in die Medienwissenschaft. München 2002.

Faulstich, Werner (Hrsg.): Grundwissen Medien. Paderborn, 2004.

Gottwald, Eckart: Audiovisuelle Medien in Religionsunterricht und Gemeindearbeit. In: Adam, Gottfried; Lachmann, Rainer: Methodisches Kompendium für den Religionsunterricht. Göttingen 1993, S. 284 – 296.

Henning, Karsten; Steib, Rainer: Leitfaden Medienarbeit. Erfahrungsorientierte Medienpraxis für Religionsunterricht und Bildungsarbeit. München 1997.

Hoffmann Berward: Medienpädagogik. München 2003.

Hoffmann, Bernward: Medienpädagogik im kirchlichen Feld: Entwicklungen, Konturen, Probleme, Perspektiven. München 1993.

Hoffmann, Bernward: Medien und religiöses Lernen. Ein medienpädagogischer Rundblick für ReligionspägagogInnen. In: KatBl 116 (1991), S. 460 – 475.

Hüther, Jürgen; Schorb, Bernd (Hrsg.): Grundbegriffe Medienpädagogik. München 2005.

Klingler, Walter; Schönenberg, Karen (Hrsg.): Hören, Lesen, Fernsehen – und sie spielen trotzdem. In: Medienforschung Südwestfunk, Band 2. Baden-Baden, 1996.

Kunstmann, Joachim: Religionspädagogik; eine Einführung. Tübingen 2004.

Leuthoff, F.: Deutsche Volksbildungsarbeit (1937). In: Keim, H. und a. (Hg.): Volksbildung in Deutschland 1933 – 1945. Braunschweig 1976, S. 46 ff.

Maletzke, Gerhard: Psychologie der Massenkommunikation. München 1963.

Medienpädagogischer Forschungsverbund Südwest (Hg.): Forschungsberichte: Kinder und Medien - KIM 1999 (Basisuntersuchung zum Medienumgang 6- bis 13- Jähriger in Deutschland). Baden - Baden, Juli 2000.

Medienpädagogischer Forschungsverbund Südwest (Hg.): Forschungsberichte: KIM - Studie 2005; Kinder + Medien, Computer + Internet. (Basisuntersuchung zum Medienumgang 6- bis 13-Jähriger). Stuttgart, Februar 2006.

Medienpädagogischer Forschungsverbund Südwest (Hg.): Forschungsberichte: Lehrer/-innen und Medien 2003; Nutzung, Einstellungen, Perspektiven. Baden - Baden, Oktober 2003.

Neubauer, W./Tulodziecki, G.: Medienpädagogik mit ihren Aspekten: Medienkunde, Mediendidaktik, Medienerziehung, Medienforschung. In: Hagemann, W. u.a. (Hg.): Medienpädagogik. Köln 1979.

Nolda, Sigrid: Pädagogik und Medien: Eine Einführung. Stuttgart 2002.

Pirner, Manfred L./Breuer, Thomas (Hg.): Medien – Bildung – Religion. Zum Verhältnis von Medienpädagogik und Religionspädagogik in Theorie, Empirie und Praxis. München 2004.

Pirner, Manfred L.: Religiöse Mediensozialisation? Empirische Studien zu Zusammenhängen zwischen Mediennutzung und Religiosität bei SchülerInnen und deren Wahrnehmung durch LehrerInnen. München 2004.

Schell, Fred; Stolzenburg Elke; Theunert Helga (Hg.): Medienkompetenz. Grundlagen und pädagogisches Handeln. München 1999.

Schorb, Bernd: Medienalltag und Handeln. Medienpädagogik in Geschichte, Forschung und Praxis. Opladen 1995.

Schorb, Bernd: Reflexiv – praktische Medienpädagogik – Raum und Stütze für selbstbestimmtes Mediennutzungslernen. In: Hausmaninger, T./Bohrmann T. (Hg.): Mediale Gewalt. München 2002, S. 192 – 204.

Staudigl, Günther: Medien; In: Weidmann Fritz (Hg.): Didaktik des Religionsunterrichts. Donauwörth 1997.

Tews, Johannes: Geistespflege in der Volksgemeinschaft. Mit einem Essay von Horst Dräger. Stuttgart 1981.

Winkler, Hartmut: "Mediendefinition". In: Medienwissenschaft, Nr. 1/2004.

I.II Internetquellen

Bundeszentrale für politische Bildung: URL:
http://www.bpb.de/die_bpb/FE39T9,3,0,Sektion_9:_Kompetenz_und_ Erziehung_in_der_ Mediengesellschaft.html
(Zugang am 23.08.06 um 17:09 Uhr)

Medienpädagogik online: Bundeszentrale für politische Bildung: URL:
http://www.medienpaedagogik-online.de/mf/2/00689/druck.pdf
(Zugang am 23.08.06 um 17:10 Uhr)

Media Perspektiven, Studien im Auftrag der ARD/ZDF-Medienkommission: URL:
http://www.ardwerbung.de/_mp/fach/?name=200510
(Zugang am 23.08.06 um 17:19 Uhr)

Media Perspektiven, Studien im Auftrag der ARD/ZDF-Medienkommission: URL:
http://www.ardwerbung.de/_mp/fach/?name=200507
(Zugang am 23.08.06 um 17:25 Uhr)

Media Perspektiven, Studien im Auftrag der ARD/ZDF-Medienkommission: URL:
http://www.ardwerbung.de/showfile.phtml/freyvor_schumacher_92004.pdf?foid=12232
(Zugang am 23.08.06 um 17:30 Uhr)

Media Perspektiven. In: Studien im Auftrag der ARD/ZDF Medienkommission: URL:
http://www.ardwerbung.de/_mp/ fach/?name=200409
(Zugang am 23.08.06 um 17:30 Uhr)

Wikipedia; die freie Enzyklopädie; Medienpädagogik: URL: http://de.wikipedia.org/wiki/Medienp%C3%A4dagogik (Zugang am 10.09.06 um 18: 20 Uhr)

Wikipedia; die freie Enzyklopädie; Geschichte des Religionsunterrichts: URL: http://de.wikipedia.org/wiki/Religionsunterricht_in_Deutschland (Zugang am 27.09.06 um 12.15 Uhr)

Westfälische Geschichte, Internet-Portal: URL: http://www.lwl.org/westfaelische-geschichte/portal/Internet/input_felder/ langDatensatz_ebene4.php?urlID=238&url_tabelle=tab_websegmente (Zugang am 05.10.06 um 13.02 Uhr)

Pirner, Manfred L.: Medienpädagogik und ethisch-religiöse Bildung; URL: http://wwwuser.gwdg.de/~theo-web/Theo-Web/Wissenschaft% 2003-1%20Texte/Microsoft%20Word%20-%20Pirner.pdf#search=% 22Medienp%C3%A4dagogik%20im%20Religionsunterricht%22 (Zugang am 27.09.06 um 14.42 Uhr)

II. Anhang

II.I Tabellenverzeichnis

1: Geräteausstattung im Haushalt 1999 62
2: Geräteausstattung im Haushalt 2005 63
3: Themeninteresse 1999 65
4: Themeninteresse 2005 66
5: Freude am Lesen 1999 69
6: Freude am Lesen 2005 70
7: Nutzungsfrequenz Computer 1999 71
8: Nutzungsfrequenz Computer 2005 72
9: Internetnutzung 1999 73
10: Internetnutzung 2005 74
11: Internettätigkeiten 2005 75
12: Mediennutzung im Unterricht 78

freien Stücken einverstanden ist, sondern vielmehr nur deswegen, weil ihm Widerstand nicht zulässig oder zwecklos erscheint.
Der Freiwilligkeit steht im Übrigen nicht entgegen, dass die Verfügung nicht frei von jedem inneren Zwang gewesen ist. Das zeigt der so genannte Chantagefall, in dem der Liebhaber K der F, die ehebrecherische Beziehungen zu diesem unterhalten hatte, Schweigegelder in Höhe von 16.000 DM gezahlt hatte, damit der von ihr angegebene vermeintliche Vater des aus der Beziehung stammenden Kindes die Wahrheit nicht an die Öffentlichkeit trug. Der BGH hat in diesem Fall einen Betrug angenommen. Der Täter habe nicht zu den Mitteln des § 253 gegriffen, sondern habe sein Opfer in eine psychische Zwangslage versetzt, in der dieses immer noch freiwillig sein Vermögen mindern konnte.
Zum Bild der Selbstschädigung, die den Betrug vom Diebstahl abgrenzt, gehört aber auch, dass sich das Opfer der Verfügung über die Sache bewusst gewesen ist und mit dem Gewahrsamswechsel einverstanden ist. Denn wäre das Opfer nicht mit dem Gewahrsamswechsel einverstanden, würde es sich um eine Fremdschädigung handeln. Demzufolge ist beim Sachbetrug Verfügungsbewusstsein und auch das Einverständnis beim Gewahrsamswechsel erforderlich.

Abgrenzung mittelbare Täterschaft / Dreiecksbetrug:

Nach allgemein anerkannter Auffassung liegt keine Wegnahme, sondern eine Vermögensverfügung iS des § 263 vor, wenn der Getäuschte bei seiner Einwirkung auf das fremde Vermögen Rechtshandlungen vornimmt oder Gewahrsamsdispositionen trifft, zu denen er entweder kraft Gesetzes, kraft behördlichen Auftrags, kraft Rechtsgeschäfts oder einer zumindest stillschweigend erteilten Ermächtigung an sich rechtlich befugt war und die er daher subjektiv in dem irrtumsbedingten Glauben vornimmt, hierzu auch konkret berechtigt zu sein.
Mal salopp formuliert, wie ich mir den Fall eingeprägt habe: Wenn der Getäuschte nicht aus dem Lager des Geschädigten kommt, er also genauso wenig mit dem Opfer zu tun hat wie der Täter selbst oder er ebenso schwer nur auf das Vermögen zugreifen kann, dann macht es keinen Unterschied wer von beiden letztlich auf das Vermögen des Opfers zugreift. Beide müssen quasi gleich gewaltsam in den Machtbereich eindringen und den Gewahrsam brechen.
Die umgekehrte Situation: Hat der Getäuschte tatsächlich die Möglichkeit über das Vermögen zu verfügen oder ist er zumindest nicht nur optisch näher am Vermögen des Opfers als der Täter, dringt in diesem Fall der Getäuschte nicht gewaltsam in den Machtbereich des Opfers ein und bricht Gewahrsam, vielmehr befindet er sich ja schon im Machtbereich und verfügt daher lediglich über eine Sache.

Wann der Verfügende, wie gerade umschrieben, näher am Opfer, im Machtbereich oder im Lager des Opfers steht, ist umstritten
Die faktische Nähetheorie rechnet die Verfügung eines Dritten über eine Sache des Geschädigten diesem dann als eigene Verfügung zu, wenn der Dritte **faktisch** über die Sache verfügen konnte.
Die normative Nähetheorie, besser bekannt als die Lagertheorie, rechnet eine Vermögensverfügung dem Geschädigten dann als eigene zu, wenn der getäuschte Dritte im Lager des Geschädigten steht und aufgrund seines schon vor der Verfügung bestehenden Näheverhältnisses zum Vermögen des Geschädigten zu der Verfügung imstande war.
Der Befugnistheorie oder Ermächtigungstheorie nach ist eine Vermögensverfügung dem Geschädigten nur dann als eigene zuzurechnen, wenn der getäuschte Dritte zu der Verfügung rechtlich befugt war.

Wo in Dreiecksfällen eine fremde Sache Gegenstand der Tat ist, gewinnt die hM eine klare Grenzziehung zwischen Vermögensverfügung und Wegnahme nur, wenn für den fremdschädigenden Dreiecksbetrug neben dem rein tatsächlichen Verfügenkönnen ein besonderes normatives Näheverhältnis des Getäuschten zu dem betroffenen Vermögen vorausgesetzt wird, welches schon vor der Tat bestanden haben muss und den Getäuschten in eine engere, Zurechnung legitimierende Beziehung zum Vermögenskreis des Geschädigten bringt als einen beliebigen Außenstehenden. Demzufolge handelt es sich um einen Dreiecksbetrug, wenn der Getäuschte auf Grund einer schon vorhandenen Obhutsbeziehung zur Sache quasi „im Lager des Geschädigten" stand, beim Vollzug der Vermögensverschiebung faktisch als „Repräsentant" des Sachherrn tätig geworden ist und dabei subjektiv in der Vorstellung gehandelt hat, unter den für gegeben gehaltenen Umständen zu der konkreten Verfügung berechtigt zu sein.

Diebstahl in mittelbarer Täterschaft ist hingegen anzunehmen, wenn der Getäuschte vor der Tat in keinerlei Obhutsbeziehung zu der Sache gestanden hat, um deren Erlangung es dem Täter geht, wenn der Getäuschte auf die Sache genau wie der Täter selbst von außen her zugreifen muss.